FUTSAL

Preparación y Competición

Jaime Cuervo Lozada

Editorial Kinesis

Colección Deporte Formativo

FUTSAL. PREPARACIÓN Y COMPETICIÓN
© Jaime Cuervo Lozada

Derechos Reservados
© Editorial KINESIS
I.S.B.N. : 958-9401-95-3

Primera Edición: 2000
Segunda Edición: 2005

Diseño y Diagramación Electrónica:
Editorial Kinesis

Ilustraciones:
Johny Alexander Rojas Hoyos

Impreso por: Editorial Kinesis
Cra. 25 No. 18-12 Armenia - Colombia
Telefax: (6) 740 1584
Teléfono: (6) 740 9155
E-mail: editorial@kinesis.com.co
www.kinesis.com.co

Impreso en Colombia/Printed in Colombia

Hecho el Depósito Legal en cumplimiento con la Ley 44 de 1993. Decreto 460 de 1995

FUTSAL

Preparación y Competición

Jaime Cuervo Lozada

Editorial Kinesis

Colección Deporte Formativo

Cuervo Lozada, Jaime
Futsal : preparación y competición / Jaime Cuervo Lozada ; ilustraciones : Johny Alexander Rojas Hoyos. — 2a. ed. — Armenia : Editorial Kinesis, 2005.
193 p. : il. ; 24 cm.
Incluye bibliografía.
ISBN 958-94-0195-3
1. Microfútbol – Estrategia y técnicas 2. Microfútbol - Reglamentos I. Rojas Hoyos, Johny Alexander II. Tít.
796.3348 cd 19 ed.
AJD1272

CEP-Banco de la República-Biblioteca Luis-Angel Arango

El deporte de alto nivel no depende únicamente
de la calidad física o técnico táctica del deportista.
La forma de pensar, la formación cultural recibida,
los niveles de ambición y perseverancia
y el cómo evaluar los triunfos y los errores
son también elementos imprescindibles
para conseguir el máximo rendimiento.
EL AUTOR

A mis Padres y Familia
A todos los practicantes y seguidores de éste deporte

CONTENIDO

PRÓLOGO

El FÚTBOL de SALÓN practicado en la barriada de nuestro país no solamente a logrado transformaciones reglamentarias o técnico tácticas sino que de igual manera a podido ubicarse como uno de los deportes de alta competencia en el sistema deportivo NACIONAL, es bueno decir que con nuestra presencia en los lugares más recónditos del país a través de nuestra masificación ha podido lograr lo que se considera la práctica del deporte con fin social y comunitario.

Pero nada ha llegado solo, un trabajo de 30 años desde la FEDERACIÓN COLOMBIANA DE FÚTBOL DE SALÓN que ha realizado eventos masivos, como de igual manera la participación y empeño de entrenadores a los largo y ancho de nuestra geografía difundiendo reglas, técnicas y tácticas. Que podremos decir de nuestras participaciones del orden INTERNACIONAL nos ha dado gloria y prestigio; resultados estos que un 28 DE NOVIEMBRE DE 2000 nos convirtieron en CAMPEONES DEL MUNDO por todo ello es estimulante encontrarme con este nuevo documento escrito que seguramente será de alto contenido en ciencia, estudio y beneficio para nuestro deporte pero sobre todo me llena de espíritu encontrar gente de proyectos claros como quien es el realizador de este, mi amigo y compañero de éxitos en la Selección Colombia, el Profesor JAIME CUERVO LOZADA.

Que mi DIOS lo bendiga.

Manuel Enrique Sánchez
Técnico Nacional

INTRODUCCIÓN

El Fútbol de Salón, en la actualidad, es uno de los deportes más practicados en Colombia y el Mundo, aumentando cada vez más el número de practicantes. La desaparición de campos para el fútbol, principalmente en las grandes ciudades, ha hecho que el fútbol de salón alcance un gran auge, encontrando canchas y coliseos para su práctica por todos los lugares del país. Este deporte que por ser una de las disciplinas deportivas más atractivas, ha conquistado millares de adeptos, por ser un deporte que sorprende por su rapidez, técnica, agilidad, coordinación y amplitud de su progresión y que se impone por la atracción que despierta. El Fútbol de Salón provoca superación de esfuerzos, competición y es un medio de expresión que revela los límites de cada deportista, favoreciendo el crecimiento personal. Este deporte proporciona una amplia gama de acciones durante su práctica y desempeña un papel importante en el aspecto social de la vida moderna, ya que sirve como un refugio capaz y seguro de preservar la integridad física y moral del hombre.

El Fútbol de Salón por ser un deporte complejo, exige de sus practicantes determinadas técnicas individuales para el desempeño eficaz de su práctica, al igual que un amplio conocimiento de las tácticas y estrategias a emplear de acuerdo a la evolución de su reglamentación y preceptos en el manejo de un equipo. La finalidad de esta obra es proporcionar a los entrenadores y jugadores en particular, una fuente de consulta para esclarecer y enriquecer sus conocimientos sobre esta disciplina deportiva.

Sin pretender ser un dogma de la verdad ni tampoco dejar de auscultar otras opciones de trabajo, estamos transmitiendo modestamente conocimientos y experiencias que asimilamos en todo momento, con intención de que los conceptos aquí emitidos sirvan para contribuir satisfactoriamente al progreso del Fútbol de Salón en general, si éste se alcanza, el objetivo personal se habrá alcanzado.

El autor

CAPÍTULO 1

EL ENTRENADOR

Una de las más importantes decisiones que Usted tendrá que tomar se relaciona con los objetivos a los que aspira. Muchas autoridades deportivas han establecido tres objetivos importantes:

- Formar un equipo o un deportista ganador.
- Divertirse, tanto Usted como sus pupilos.
- Ayudar a sus jugadores a desarrollarse.
  - Físicamente: Por medio del aprendizaje de las destrezas y técnicas de su deporte, el mejoramiento de su condición física, la adquisición de buenos hábitos de salud y de prevención de lesiones.
  - Psicológicamente: Aprendiendo a controlar sus emociones y a desarrollar su autoestima.
  - Socialmente: Aprendiendo a cooperar en un contexto competitivo y aprendiendo normas de conducta apropiadas (Nobleza y Caballerosidad).

Como la filosofía de este libro es la de manejar los temas de preparación y competición en el alto rendimiento, enfocaremos toda la temática bajo el primer objetivo o sea, formar deportistas ganadores.

EL ESTILO DEL ENTRENADOR

La segunda decisión importante que Usted necesita tomar se refiere a su estilo como entrenador. Su estilo de entrenamiento determinará qué habilidad y estrategia enseñará, cómo se organizarán sus prácticas y competencias, qué métodos utilizará para la disciplina de sus jugadores, y lo más importante, qué papel dará a sus deportistas en la toma de decisiones.

Sobre este tema se ha estudiado mucho y no es raro encontrar vastos escritos sobre la materia, estudios realizados por verdaderos expertos en este campo. A manera de resumen ofrecemos la siguiente clasificación sobre los estilos de los entrenadores:

ESTILO DE MANDO

En este estilo el entrenador toma las decisiones. El papel de jugador es responder a los mandatos del entrenador.

Este tipo de estilo ha prevalecido en el pasado y está aún muy difundido entre muchos entrenadores profesionales, universitarios y de educación física.

Se presume que los entrenadores clasificados en este tipo de estilo tienen el suficiente conocimiento y experiencia y por lo tanto debe decirle a su jugador todo lo que tiene qué hacer, siendo la función del atleta el de escuchar, digerir y cumplir las órdenes.

ESTILO PERMISIVO

Los entrenadores que adoptan éste estilo toman el menor número de decisiones posibles. Es un "a ver qué pasa". El entrenador caso no da instrucciones, ejerce poca o ninguna influencia, y solamente resuelve los problemas de disciplina cuando es absolutamente necesario. El entrenador que adopta este estilo, o, carece de competencia para orientar y dirigir, es demasiado perezoso para afrontar sus responsabilidades, o está muy mal informado sobre lo que es ser entrenador.

ESTILO DE COOPERACIÓN

Los entrenadores que acogen este estilo comparten con los jugadores la toma de decisiones. Aunque reconocen su responsabilidad de guiar y dirigir a sus discípulos para que logren los objetivos propuestos; también reconocen que los jóvenes jugadores no lograrán ser adultos responsables sin haber tenido alguna vez la oportunidad de compartir y opinar en la toma de decisiones. Este tipo de estilo da dirección y suministra instrucción cuando es necesario, pero igualmente sabe cuándo es útil permitir a los deportistas tomar decisiones y asumir responsabilidades.

Un deportista debe ser capaz de afrontar las presiones, adaptarse a los cambios de situación y de ambientes diferentes, mantener el juego en perspectiva de guardar disciplina y concentración para buscar un buen desempeño.

Estos ingredientes son desarrollados más por los entrenadores de cooperación que por los de mando. El estilo de cooperación da más confianza al deportista con su consecuente efecto positivo en su imagen pues le permite una mayor espontaneidad mejorando la comunicación y la motivación.

BASES DEL ÉXITO DEL ENTRENADOR

Sobre este tema se podría escribir un libro entero, ya que estudios efectuados sobre la materia demuestran la cantidad de factores que inciden para el éxito o no de un entrenador y seguramente cada profesional del campo técnico tendrá sus propios puntos de vista sobre la materia.

Dentro de esa amplia gama de factores queremos destacar tres: los cuales a lo largo de nuestra trayectoria deportiva, han sido fundamentales para nuestro diario trabajo y que a la vez resumen muchos otros de igual importancia:

Conocimiento del deporte

No hay ningún sustituto para el adecuado conocimiento de las técnicas, reglas y estrategias del deporte que uno dirige en este caso el Fútbol de Salón.

A veces creemos que es menos importante comenzar a enseñar a deportistas novatos que a deportistas de alto rendimiento, pero este concepto es equivocado.

De hecho enseñarle los fundamentos en forma óptima a un jugador que inicia deportivamente requiere del mismo conocimiento y profundidad, que cuando, se entrena a especialistas, en realidad ellos necesitan diferentes tipos de conocimiento. Mientras más conocimientos tenga Usted sobre las habilidades de su deporte y domine su pedagogía, el entrenamiento será más divertido para Usted y sus deportistas.

LA HABILIDAD PARA ENSEÑAR LE DARÁ UNA BUENA IMAGEN Y RESPETO ENTRE SUS JUGADORES

Cuando hay respeto hay credibilidad, lo cual se puede utilizar para enseñar otras facetas necesarias como la lealtad, el control emocional, disciplina, respeto por los demás y por sí mismo, etc.

El haber practicado alguna vez Fútbol de Salón es una de las formas más comunes para que un entrenador adquiera conocimientos de sus técnicas, reglas y estrategias. Sin embargo, el haber sido un buen jugador, no significa que tenga el conocimiento necesario, así como el no haber sido jugador no implica que no pueda adquirir el conocimiento.

La motivación

El entrenador puede tener todas las cualidades y conocimientos del mundo, pero sin la motivación necesaria no tendrá éxito. De otro lado cuando Usted observa a jóvenes con capacidades pero sin motivación para llegar a ser deportistas, entonces, se dará cuenta cuán importante es la motivación.

Algunas veces los entrenadores están motivados pero no disponen del tiempo, o puede ser que no están motivados lo suficiente para poder buscarle tiempo para ser un buen entrenador.

Dentro de una buena motivación al deportista, es importante tener en cuenta el enfoque positivo al comunicarse con los jugadores. Este enfoque hace énfasis en estímulos y premios para reforzar las conductas deseables, aunque nunca exagerando.

Es una actitud que comunica el deseo de comprender, de aceptar a otros y de aceptar el mutuo respeto.

La empatía

Podemos definir empatía como la capacidad de comprensión e irradiación de confianza, o sea la habilidad para interpretar los pensamientos, sentimientos y emociones de sus deportistas y revertírselos a ellos.

Un buen entrenador es capaz de entender los sentimientos de alegría, frustración, ansiedad y angustia, raramente disminuyen la autoestima de sus jugadores porque él conoce cómo se siente uno cuando pierde autoestima. Los entrenadores con empatía están dispuestos a comunicar respeto a sus deportistas, y a su vez, a recibirlo.

¿QUÉ CLASE DE ENTRENADOR ES USTED?

Copiando textualmente del libro "Formación de entrenadores voluntarios" traducido por Coldeportes Nacional, sugiero que cada entrenador se evalúe sinceramente como tal de acuerdo al siguiente cuestionario:

En la siguiente lista se presentan 7 puntos que reúnen los principales conceptos considerados en los capítulos 1 y 2. Evalúese como entrenador encerrando en un círculo la respuesta que mejor lo describa:

1. Mi prioridad en los objetivos cuando enseño está en las necesidades que tienen mis deportistas.	1. Rara vez 2. Generalmente 3. Siempre
2. Mi estilo como entrenador es:	1. Permisivo 2. De mando 3. Cooperador
3. Mi motivación para entrenar es:	1. Baja 2. Moderada 3. Alta
4. Soy capaz de mantener la expectativa de ganar.	1. Rara vez 2. Generalmente 3. Siempre
5. Mi conocimiento sobre las reglas, técnicas y estrategias de mi deporte es:	1. Pobre 2. Regular 3. Bueno

6. Mi conocimiento de las ciencias del deporte (Psicología, Fisiología, etc.) es:	1. Pobre 2. Regular 3. Bueno
7. Mi capacidad de inspirar empatía es:	1. Pobre 2. Regular 3. Buena

CALIFÍQUESE USTED MISMO

Sume sus puntos, totalice y evalúese de acuerdo a la siguiente escala:

PUNTOS	DETALLE
7 – 10	Ojo! Usted es un peligro para la salud de sus deportistas. Por favor reconsidere sus deseos de ser entrenador o vuelva a leer este capítulo y determine si Usted puede determinar este resultado. Si decide continuar como entrenador lea cuidadosamente los demás contenidos de este libro, por lo menos tres veces.
11 – 14	Usted en camino correcto, pero definitivamente puede mejorar si estudia más.
15 – 18	Lea éste libro por lo menos 2 veces. Usted va bien encaminado a ser un buen entrenador pero todavía necesita aprender más.
19 – 21	Determine qué necesita mejorar y lea éste libro por lo menos una vez. Usted es lo que sus muchachos necesitan. Nunca renuncie a ser entrenador. Lea el contenido restante del libro para ver si cometimos algún error.

LA COMUNICACIÓN: BASE FUNDAMENTAL DEL TRABAJO DE UN ENTRENADOR

La comunicación no solo consiste en enviar mensajes, sino también recibirlos. Aunque muchos entrenadores se creen bastante diestros en lo primero, a veces son deficientes en los segundo. Los entrenadores no solo necesitamos habilidad para oír, sino también para entender lo que se nos esta diciendo

La comunicación comprende mensajes verbales y no verbales. Los gestos de hostilidad, alegría, los actos de intimidación y las conductas de amabilidad son todas formas de comunicación no verbal. Se ha estimado que el 70% de la comunicación es no verbal

La comunicación se compone de dos partes: EL CONTENIDO que se refiere a la sustancia del mensaje y que a menudo se expresa verbalmente, y LA EMOCIÓN que es como se siente acerca del mensaje expresado en forma no verbal

En los deportes competitivos, como el Fútbol de Salón, donde abunda la presión, el reto de los entrenadores consiste en ejercer control en el contenido y en las emociones que comunican.

Al plantear este tema, mi objetivo principal es el de incrementar su toma de conciencia acerca de la importancia de la comunicación en el entrenamiento y manejo diario del grupo de jugadores y al mismo tiempo el evaluar sus propias habilidades comunicativas.

Si bien es cierto que los entrenadores debemos comunicarnos con los deportistas, directivos, árbitros, prensa hablada y escrita, compañeros de trabajo, nos centraremos en el proceso comunicativo entre el entrenador y el deportista.

CUALIDADES O HABILIDADES DE LA COMUNICACIÓN

Seguramente en el diario trabajo de un entrenador, se encontrarán gran cantidad de aspectos que tienen que ver con la relación interpersonal Entrenador – Jugador y que determinan que sea buena, regular o mala.

Gracia a observaciones y experiencias en mi trabajo como entrenador de Fútbol de Salón, podemos en este momento identificar 8 de las habilidades comunicativas más necesarias para los entrenadores, los cuales describimos a continuación:

1. CREDIBILIDAD EN LO QUE USTED DICE

Su credibilidad es probablemente el elemento más importante para poderse comunicar efectivamente con sus deportistas. Esta se reflejará positivamente en la actitud de sus deportistas. El buen entrenador deberá mantener o aumentar la credibilidad de sus jugadores en él. Para ello puede emplear uno de los siguientes métodos:

- Ser entrenador con estilo competitivo.

- Tener conocimientos sobre el deporte que orienta.
- Ser coherente, justo y confiable en el trato con sus deportistas.
- Expresar cariño, amistad, aceptación y empatía.
- Ser dinámico, espontáneo, abierto y positivo.

2. COMUNICAR CON UN ENFOQUE POSITIVO

Una de las destrezas más importantes para nuestro diario trabajo o para cualquier actividad de nuestra vida, es tener un enfoque positivo al comunicarse. El enfoque positivo ayuda a que los deportistas se valoren a si mismos como individuos y a su vez le da al entrenador credibilidad.

El enfoque positivo no significa que todo mensaje sea pródigo en alabanzas ya que si exageramos en este aspecto el deportista puede dudar de la sinceridad de nuestro mensaje. Igualmente no se puede dar la espalda a las conductas inapropiadas por parte de nuestros jugadores ya que estas actitudes deben ser castigadas con severidad pero de una manera positiva.

El enfoque positivo es una actitud que comunica el deseo de comprender, de aceptar a otros y de lograr un mutuo respeto.

3. ENVIAR MENSAJES CON ALTO CONTENIDO DE INFORMACIÓN

No es suficiente el que un entrenador emita constantemente veredictos a sus jugadores diciéndoles que hicieron algo mal. Los deportistas requieren de la información específica sobre qué fue lo que hicieron mal y como hacerlo correctamente.

Un buen entrenador no es el que actúa como un juez, sino aquel que se muestra como un hábil profesor.

Hay que poner especial atención al siguiente aspecto: Algunos entrenadores se convierten en jueces porque carecen de los conocimientos técnicos necesarios para suministrar la información requerida por sus deportistas. Cuando esto ocurre, los entrenadores tratan simplemente de ocultar sus limitaciones en el aspecto técnico, ocurriendo muchas veces que después de haber indicado que algo estaba incorrecto o mal, se sorprenden porque encuentran que su juicio estaba equivocado.

Por último recuerde algo muy importante; no evalúe al jugador como persona sino su conducta, ya que de ocurrir lo primero el deportista se sentirá herido en su amor propio con el posterior rechazo hacia muchas de las órdenes posteriores de su entrenador con el natural perjuicio de la actividad del grupo.

4. TENER COHERENCIA INFORMATIVA EN LA EXPOSICIÓN DE IDEAS

Para los entrenadores es un desafío comunicarse coherentemente durante los entrenamientos y competencias. Es muy fácil un día predicar una cosa y al otro día emitir un concepto diferente.

Cuando nuestros jugadores reciben estos mensajes cruzados, se confunden. Si un entrenador les requiere a sus jugadores que se controlen cuando juegan, y sin embargo él se descontrola ante el árbitro, o si el entrenador les pide respeto para sus compañeros pero el los trata irrespetuosamente, o el que exhorta para que se tengan confianza en sí mismo, al gritarles cuando cometen un error; está cometiendo un gran error: falta a su palabra la cual puede tener consecuencias graves para el manejo del grupo, ya que los deportistas comenzarán a no creerle y esto va a significar que Usted pierda control sobre el equipo.

Por lo anteriormente explicado es muy importante que recuerde esto:

Sea tan veraz como lo dicen sus palabras. Si se quiere mantener un control positivo al comunicarse e influir en los deportistas, todo entrenador debe ser coherente en sus comunicaciones.

5. APRENDER A ESCUCHAR

Aunque escuchar parece fácil en la práctica no lo es. Los entrenadores se convierten con frecuencia en malos oyentes por la siguiente causa:

- Están tan ocupados "Mandando" que no le dan oportunidad a otros de hablar, y
- Asumen que ellos lo saben todo y que los deportistas no tienen nada que decir que valga la pena escuchar.

Después de intentar repetidamente, sin éxito, que los escuchen los jugadores renunciarán a hablarle al entrenador y luego muy probablemente a escucharle.

Para mejorar su habilidad para escuchar, recomendamos las siguientes bases:

- Lo más importante, por supuesto, es reconocer que necesita aprender a escuchar.
- Concéntrese a escuchar, es decir, poner atención total a lo que le están diciendo.
- Cuando esté escuchando, busque el significado del mensaje en lugar de ponerle atención a los detalles.
- Evite interrumpir a los deportistas. No podemos adelantarnos a adivinar los conceptos que van a emitir nuestros jugadores ya que podríamos caer en una equivocación total al respecto.
- Respete el derecho de sus jugadores a compartir sus opiniones con usted. Es muy importante escuchar no solamente sus problemas y temores, sino también sus alegrías y logros.
- Reprima la tendencia a responder emocionalmente a lo que se dice. Trate de pensar cuales fueron las razones para que los deportistas dijeran lo que dijeran y cómo responder Usted constructivamente. Por último recuerde algo muy importante:

El escuchar efectivamente le permitirá a los deportistas saber que sus ideas y pensamientos son respetados y entendidos, con lo cual Usted logrará que sus jugadores estén más dispuestos a escucharlo.

6. MEJORAR LA HABILIDAD PARA LA COMUNICACIÓN NO VERBAL

La comunicación no verbal se ha denominado expresión corporal. Dentro de este tipo de comunicación, el cual constituye base fundamental en el trabajo de un técnico ya que por medio de ella demostramos generalmente lo que sentimos, se distinguen cinco categorías:

- Movimiento corporal: Incluye gestos, movimientos de las manos, cabeza, pies y el cuerpo.
- Características físicas: Incluye el físico, la presentación personal, la estatura, el peso, el aseo y otras.
- Tocar: Incluye dar palmadas en la espalda, tomar a alguien de la mano, poner el brazo alrededor de los hombros, etc.
- Características vocales: Incluye la calidad de voz, su tono, ritmo, resonancia, acento. Muchas veces no es lo que decimos sino como lo decimos lo que da el verdadero significado del mensaje.
- Posición del cuerpo: Se refiere al espacio corporal existente entre Usted y los otros y la posición de su propio cuerpo con respecto a los demás. Hay ciertas posiciones que indican si alguien está interesado en hablar con Usted.

La comunicación no verbal es de gran importancia y un buen método para desarrollar esta habilidad es observar la retroalimentación que otros dan al Usted enviar y recibir mensajes no verbales. Mientras más sensitivo sea usted a las señales, más capaz será de poder expresar sus sentimientos y actitudes de manera no verbal y así poder entender la de los deportistas.

7. APLICAR PRINCIPIOS DE REFUERZOS

Refuerzo se refiere a aquellas consecuencias originadas por nuestra conducta. Todos los refuerzos pueden ser muy valiosos para mejorar su habilidad de comunicación si son aplicadas correctamente.

Sobre los principios de refuerzos, recuerde los siguientes puntos claves para emplear en su trabajo:

- Aprender a utilizar eficientemente los principios de refuerzo, es una comunicación muy valiosa.
- Cuando la consecuencia de hacer algo es positivo, tendemos a hacerlo nuevamente pero cuando es negativo, procuraremos no repetirlo. Este es el primer principio del refuerzo.
- Premiar el desempeño y no el resultado.
- Premie las cosas pequeñas en el camino hacia los objetivos.
- Piense no solamente en el aprendizaje y desempeño de las destrezas deportivas, sino también en las destrezas emocionales y sociales.
- Premie frecuentemente a sus jugadores cuando esté aprendiendo una nueva técnica y ocasionalmente cuando esté bien aprendido.

- Solamente premie cuando lo merecen.
- Enséñeles a sus jugadores que las recompensas intrínsecas (las del juego) son más valiosas que las extrínsecas.
- Usted puede aprender a usar las sanciones efectivamente pues es imposible guiar a los deportistas solamente mediante el uso de refuerzos positivos y supresión.

8. HABILIDADES PARA COMUNICAR INSTRUCCIONES

Con el análisis que venimos haciendo acerca de la comunicación como base fundamental del trabajo del entrenador queremos hacer énfasis en uno de los aspectos que mayor deficiencia presenta el campo técnico en nuestro País.

Este, entre otros, es una de las causales para que entrenadores de grandes conocimientos fracasen en su trabajo, ya que no solo es necesario saber sino también saberlo enseñar.

Hay entrenadores que no son capaces de explicarle a sus jugadores las instrucciones a un nivel comprensible por lo cual los deportistas no lo entienden.

Les hablan como si fueran colegas suyos, o de una manera indirecta, que les hace confundir. Además el entrenador utiliza abstracciones, y es incapaz por esto, de demostrar las habilidades deportivas en una secuencia lógica, de tal manera que los deportistas puedan captar los fundamentos.

Los entrenamientos y demás actividades relacionadas con la competición deben ser manejados por el entrenador de tal forma que los jugadores entiendan perfectamente todo lo que se quiere o debe hacer en los mismos.

El entrenador debe diseñar e implementar condiciones de práctica de muchas maneras diferentes pero que sean efectivas en el aprendizaje apropiado. Para que esto se cumpla aconsejo aplicar los siguientes principios:

1. Practique la habilidad en condiciones similares a la de competición tan pronto los jugadores sean capaces de hacerlo.
2. La práctica debe ser corta y constante cuando se está aprendiendo una nueva técnica y táctica.
3. Cada jugador debe estar trabajando en algún aspecto de Fútbol de Salón a través de la práctica.
4. Las condiciones de la práctica deben hacer uso máximo de las instalaciones físicas y los implementos o equipos disponibles.
5. Los jugadores deben experimentar una cantidad razonable de éxito en cada práctica, de acuerdo con las metas trazadas para cada entrenamiento.
6. Cree una atmósfera de práctica en la cual los jugadores no sientan miedo de cometer errores. Recuerde que los errores son una parte natural del proceso de aprendizaje.

7. Permita que sus deportistas ayuden a la planeación de las prácticas, con lo cual estarán más motivados y encontrarán la práctica más significativa.
8. Enfatice que las prácticas son para mejorar, ya que si nuestros jugadores van al entrenamiento con la idea de permanecer igual, empeorar o pasar el tiempo, el rendimiento deportivo cada día será menor.
9. En cada entrenamiento destine tiempo para la práctica de habilidades técnicas o tácticas que necesiten mejorarse.
10. Haga que sus prácticas sean amenas usando una variedad de ejercicios, cambiando de escenarios horarios de entrenamiento y haciendo que sus jugadores se comprometan en alguna competencia durante el entrenamiento.

Por último pongo en consideración de todos los entrenadores de Fútbol de Salón del País, la siguiente evaluación de destrezas comunicativas de Ustedes con base a los aspectos tratados en cuanto a la comunicación (tomadas del libro Formación de entrenadores voluntarios.):

¿Tiene Usted credibilidad con sus deportistas?

1(Muy Baja) 2 3 4 5 (Muy Alta)

¿Es Usted positivo en los mensajes que envía a sus deportistas?

1(Negativo) 2 3 4 5 (Positivo)

¿Da Usted amplia retroalimentación e instrucciones a sus jugadores o es crítico en sus apreciaciones?

1(Alta en críticas) 2 3 4 5 (Alta en información)

¿Es Usted constante en sus apreciaciones a los deportistas o es inestable en los mismos?

1(Inconsistente) 2 3 4 5 (Consistente)

¿Es Usted un buen oyente o siempre está hablando y no da tiempo a sus jugadores de hablar?

1(Nada Bueno) 2 3 4 5 (Muy Bueno)

¿Usted es capaz de comunicarse en forma no verbal o nunca expresa una emoción?

1(Débil) 2 3 4 5 (Fuerte)

¿Usted entiende los principios de reforzamiento o no tiene capacidad para aplicarla?

1(Nada Diestro) 2 3 4 5 (Bastante Diestro)

¿Usted es capaz de dar instrucciones claras o habla a un nivel incomprensible y nada claro?

1(Débil) 2 3 4 5 (Fuerte)

PREMIO A LA COMUNICACIÓN DE LOS ENTRENADORES

Ahora sume sus puntajes. Encuentre la categoría en la cual se encuentra Usted y acepte el premio que se merece:

PUNTOS	DETALLE
36 – 40	Premio garganta de oro. Usted está destinado al triunfo.
31 – 35	Premio garganta de plata. Bueno pero puede mejorar lea de nuevo.
26 – 30	Premio garganta de bronce. Más o menos pero Usted tiene una gran oportunidad de mejorar lea con cuidado.
21 – 25	Premio garganta de cuero. Dada a aquellos que frecuentemente hablan con los pies.
8-20	Premio de bozal. Úselo hasta que mejore. Estudie más sobre comunicación y la ayudará a desarrollar las habilidades necesarias para su trabajo.

EL ENTRENADOR COMO LÍDER

"LOS LÍDERES LIDERAN PERSONAS"

CARACTERÍSTICAS DE LOS LÍDERES (COVEY)

- Aprende continuamente.
- Tiene vocación de servicio.
- Irradian energía positiva.
- Creen en los demás.
- Dirigen su vida equilibradamente.
- Ven la vida como una aventura.
- Son sinérgicos.

LIDERAZGO ESTRATÉGICO

DIRIGE	Misión y Visión Principios y Valores Pensamiento y ejecución estratégica
MOVILIZA	Comunicación Empoderamiento Imaginación estratégica
LOGRA	Procesos orientados al cliente. Equipos semiautónomos Aprendizaje permanente

CARACTERÍSTICAS DEL LIDERAZGO

- Competente.
- Ético, Moral.
- Lidera a través del ejemplo.
- Apreciado solo algunas veces.
- Siempre respetado.
- Acepta la responsabilidad.
- No siempre entretenido.
- No siempre recompensado en forma material.

> *"LAS RECOMPENSAS DEL LIDERAZGO PROVIENEN DEL PROPIO LIDERAZGO"*

FÓRMULA DE LIDERAZGO

- Admita lo que está roto.
- Establezca metas.
- Fije estándares altos.
- No de señales confusas.
- Premie los éxitos.
- Dé oportunidades para aprender.
- No le diga a las personas cómo hacer su trabajo.

GANADORES, PERDEDORES Y LÍDERES

- El ganador siempre tiene un plan.
- El perdedor siempre tiene una excusa.
- El líder toma la iniciativa.
- El ganador es siempre parte de la respuesta.
- El perdedor es siempre la parte del problema.
- El líder resuelve el problema
- El ganador dice: "Déjeme hacerlo por Usted".
- El perdedor dice: "Eso no es mi trabajo"
- El líder dice: "Síganme".
- El ganador dice: "Puede ser difícil, pero es posible".
- El perdedor dice: "Puede ser posible, pero es muy difícil":
- El líder dice: "Todo es posible".

LIDERAZGO DEL EQUIPO

1. El líder es responsable de las operaciones diarias y toma la mayoría de decisiones que afectan al equipo.
2. El líder es responsable por las actividades del equipo, pero es el equipo el que realiza las tareas diariamente.
3. El equipo se preocupa por la planeación y organización y reporta los resultados al líder regularmente.
4. El equipo no solo organiza su propio trabajo, sino que toma completa responsabilidad por la calidad y la productividad.
5. El equipo maneja todo asunto relacionado con el proceso de trabajo, bajo su propia autoridad.
6. El equipo tiene autoridad para tareas administrativas tales como selección y contratación, desempeño, disciplina y compensaciones.

CAMINANDO HACIA EL LIDERAZGO DE EQUIPO

LIDERAZGO SUPERVISADO	LIDERAZGO PARTICIPATIVO	LIDERAZGO DE EQUIPO
Gente dirigida	Gente involucrada	Inspira confianza y crea trabajo de equipo
Explica decisiones	Se asesora para tomar decisiones	Facilita y apoya las decisiones del equipo
Prepara individuos	Desarrolla desempeño individual	Crea una identidad en el equipo
Gerencia	Coordina esfuerzo de grupo	Crea una identidad de equipo
Refrena conflictos	Resuelve conflictos	Saca mayor provecho de las diferencias del equipo
Rechaza el cambio	Implementa el cambio	Prevé e influye al cambio
Lealtad personal	Lealtad funcional	Cliente y accionista

CONCLUSIÓN

El ENTRENADOR es el individuo que, a parte de la preparación física, técnica y táctica de sus jugadores, conoce profundamente a cada uno de ellos, participa de sus problemas particulares y trata de ayudar a solucionarlos, armoniza estimulando la amistad entre todos, aconseja y da buenos ejemplos de conducta, orienta, aplaude y censura con medida, tiene fe en su trabajo y enorme fuerza creadora de su mente, sabe reconocer los puntos fuertes y débiles de cada uno de sus deportistas, estudia y analiza a los adversarios y con esos elementos, organiza los planes de entrenamiento y las tácticas que deben ser aplicadas en sus partidos.

Para ser entrenador el individuo necesita poseer cualidades de comando, o sea, capacidad de liderazgo, en donde su carácter y personalidad tienen gran importancia en el perfeccionamiento de sus atletas, recordando siempre que primeramente está el hombre y después el jugador. El entrenador debe ser antes que todo, un buen profesor y un gran educador. Debe poseer un gran entusiasmo capaz de inspirar a sus jugadores de forma que cada uno de ellos ejecute sus funciones con satisfacción.

El ejercicio de la profesión de entrenador exige sin sombra de duda, sólida estructura moral, vasta base cultural, con profundo conocimiento específico del Fútbol de Salón, calor humano y como base primaria el estudio de la filosofía de la vida y desarrollo del deporte.

TRECE CONSEJOS A LOS ENTRENADORES

1. Los atletas aprenden más rápidamente cuando tienen exacta comprensión de los objetivos que se pretenden alcanzar. Sea bastante claro en sus explicaciones y esté siempre dispuesto a ofrecer el máximo de sus posibilidades en beneficio del equipo.
2. Sea disciplinado para poder disciplinar.
3. Insista en la puntualidad de todos.
4. Conozca perfectamente las reglas de juego y haga que sus jugadores también las conozcan.
5. Usted tiene la voz de mando del grupo, pero las sugerencias de sus jugadores son importantes y merecen estudio.
6. El entrenamiento debe ser progresivo. No quiera entrenar todo un día.
7. Evite la tendencia al menor esfuerzo, haga "trabajar duro" a su equipo sin sobrecargar a sus jugadores.
8. Observe y corrija inmediatamente cualquier error presentado en los entrenamientos.
9. Analice el plan de entrenamiento para la siguiente práctica, luego de realizada la de hoy.
10. La moral elevada es base para la actuación del equipo. Use constantemente palabras en forma positiva.
11. Durante el juego no dé espectáculos en el banco. Manténgase en calma para poder observar todos los detalles.
12. No permita "alegatorios" entre los jugadores después de los partidos.
13. Es muy importante so forma de asimilar las derrotas, cómo conducir situaciones imprevistas, cómo merecer respeto entre sus jugadores y adversarios y cómo hacer permanentemente que sus jugadores sean siempre un reflejo de:

    "COMO SE SIEMBRA, ASÍ MISMO SE COSECHA"

CONDICIONES DE UN DIRECTOR TÉCNICO

- Debe tener tranquilidad y serenidad para manejar jugadores, directivos, periodistas y aficionados.
- Debe tener amplio conocimiento del deporte que dirige.
- Debe tener características que lo identifiquen.
- Debe saber qué es lo que quiere y para donde va.
- Debe saber qué táctica va a emplear.

- Debe tener un gran manejo de grupo.
- Debe saber escoger sus jugadores.

CÓMO SE ELIGEN LOS COLABORADORES

- Amigos que sepan.
- Personas con deseos de superación.
- Personas que no me muevan el piso.
- Asistentes capaces y justos.
- Personas que respeten el orden jerárquico en el cuerpo técnico.
- El técnico decide, los colaboradores opinan.
- El técnico debe saber decir al colaborador cuándo se debe ir.
- Personas que amortigüen los problemas.

EL TÉCNICO EN SU TRABAJO DEBE TENER EN CUENTA:

- Al que insultan es al técnico, no al grupo.
- El jugador actual de Fútbol de Salón debe tener una buena condición técnica.
- Sin buenos jugadores no hay buena táctica.
- Cuando para un incidente con un jugador se explican delante del grupo.
- Al jugador se le hace entender, esté o no esté.
- Si el equipo es disciplinado, el equipo es ordenado.
- Al jugador se le da todo pero en la cancha hay que hacerse "matar".
- Un equipo debe saber manejar varias tácticas.
- La mala gente se va sacando del equipo.
- No hay titular, todos entran o salen, el que no acepte se va.
- Todo el equipo de trabajo debe saber de Fútbol de Salón (D.T., A.T., P.F., M.D.)
- No se deben aceptar jugadores que quieran saber más que el técnico.
- El técnico debe preguntar a sus colaboradores cómo vieron a los jugadores.
- Hay qué buscar gente ganadora.
- Al jugador hay qué crearle mentalidad positiva.
- El técnico debe ser desconfiado. No debe dejar nada al azar.
- Humildad más conciencia de trabajo llevan al éxito.

- No se deben aceptar los jugadores que tienen una disculpa para todo.
- Todas las tácticas son buenas.
- Todos los partidos son diferentes.
- El Fútbol de Salón exige jugadores que jueguen por todo el campo.
- Con jugadores técnicos se hacen tácticas; con jugadores tácticos se hacen técnicas.
- No hay sistema bueno o malo; hay sistemas bien o mal desarrollados.
- En el entrenamiento mando el técnico, en los partidos mandan los jugadores.
- El "arma" del técnico es el trabajo.
- Cuando un jugador esté enfermo e lesionado hay qué preocuparse por él.
- Cuando el técnico está realizando los movimientos, el resto del grupo está con el asistente y éste les explicará el trabajo.
- En el Fútbol de Salón la verdad absoluta no la tiene nadie, no hay qué morir con un solo sistema.
- Como se vive se juega.
- Un jugador dentro del campo de juego no puede estar pasivo, siempre debe estar en posición de ataque.
- Un equipo que controle el balón ganará un partido y sin embargo raras veces perderá por grandes diferencias.
- Un jugador individualista contribuye más que ningún otro factor a la ruina de un equipo.
- Un equipo de cinco, pensando como equipo, derrotará a un grupo de jugadores superiores que solo piensan en sí mismos.
- Suerte es lo que sucede cuando la preparación y la oportunidad se encuentran.
- Hay qué jugar todos los partidos como una final, para que la final sea un partido más.
- Las oportunidades nunca se pierden. El contrario aprovecha las que uno deja escapar.
- No me gustan los jugadores que fingen lesiones.
- El Fútbol de Salón se debe jugar rápido pero no acelerado.
- El técnico siempre debe encontrar algo positivo en el grupo.
- El equipo es la imagen del técnico.
- El Fútbol de Salón actual es técnica a la velocidad.

MÁXIMAS DEL ÉXITO

- Nunca plantee justificaciones... Siempre soluciones ante problemas.
- Nunca subestime los problemas, siempre considérelos importantes y dé soluciones.
- El tiempo es oro, sea estricto con él, éste nunca se recupera ni se compra.
- Cree el hábito del horario y maneje un calendario.
- No olvide los pendientes, ese es el que va a "Rebotar" y a golpear más fuerte.
- Brinde ayuda, colaboremos, somos un equipo para triunfar.
- No busque culpables, brinde soluciones.
- Cumpla con las fechas que Usted acordó.
- No asuma tareas y responsabilidades de las que realmente pueda controlar.
- Nunca cambie los procesos por que le parece mejor su forma de hacerlo, primero consulte.
- La respuesta de un triunfador a una pregunta clara es: "si" o "No", nunca es: "Me parece" o "Voy a tratar": NO SUPONGA.
- Controle su trabajo, no deje que los demás lo controlen.
- Recuerde sus pendientes, no espere que alguien se los recuerde.

CAPÍTULO 2

ORGANIZACIÓN DEL ENTRENAMIENTO DEPORTIVO

Los grandes resultados deportivos de hoy en día son producto de los descubrimientos científicos que aparecen a diario y también de la correcta organización del entrenamiento dentro de una teoría de organización en plena evolución. La organización del entrenamiento deportivo de alta competición está siempre referenciada con lógica, racionalidad y metodología científica teniendo en cuenta los recursos disponibles y principalmente las capacidades y talentos responsables de su desenvolvimiento.

Para obtener óptimos resultados dentro del actual medio deportivo, es necesaria la fijación de metas alcanzables en diferentes fases de preparación y es imprescindible que sean previstos mecanismos de reajustamiento ("Feedbacks"), para obtener nuevas variantes no identificadas en la planeación del entrenamiento con modificaciones significativas ya consideradas.

COMPOSICIÓN DEL ENTRENAMIENTO DEPORTIVO DE ALTA COMPETICIÓN

El entrenamiento deportivo de alta competición puede ser considerado en términos organizativos como una composición de tres preparaciones fundamentales (técnico – táctica, física y psicológica) con un efectivo control (médico, de alimentación y hábitos de la vida de los deportistas) y dentro de una correcta adecuación de factores influyentes y condicionantes que pueden influir en el éxito del mismo (material disponible, clima, altitud, etc.).

COMISIÓN TÉCNICA Y AUXILIARES TÉCNICOS

La comisión técnica la conforman un grupo de personas reunidas dentro de un proceso de entrenamiento, que son especializadas en las diferentes partes de la preparación.

La comisión técnica deberá integrarse siempre con base a tareas comunes y con los mismos propósitos, en donde cada uno dependerá de los demás. Aboudarham (1977) establece las siguientes características para un equipo de trabajo (comisión técnica):

- Un propósito común entre los miembros del equipo
- Especialidad de cada elemento integrante del equipo
- Unidad de trabajo con los otros miembros de la comisión
- Asumir la responsabilidad que le corresponde a cada miembro del equipo
- Adopción de una aptitud de respeto y valorización hacia las demás aptitudes.

Respecto a los auxiliares técnicos, Counsilman (1974) formula algunas indicaciones de conducta para el entrenador y sus auxiliares técnicos, para crear un ambiente favorable de entrenamiento:

- Es importante confiar en los auxiliares técnicos, pero el entrenamiento debe ser responsabilidad del entrenador.
- La orientación del entrenamiento debe ser seguidas con base a los conceptos del entrenados previamente establecidas.
- Los auxiliares técnicos pueden colaborar efectivamente con observaciones técnicas, comentarios sobre aspectos de jugadas de importancia, registros de entrenamiento, dirección de secciones de entrenamiento, deben contribuir en todas las situaciones para una preparación máxima y también para el óptimo trabajo del entrenador.
- Todas las personas involucradas dentro del contexto general de preparación (dirigentes, entrenadores, auxiliares, deportistas y sus familiares) deben estar conscientes de los objetivos perseguidos dentro de la preparación.

ESQUEMA DE COORDINACIÓN

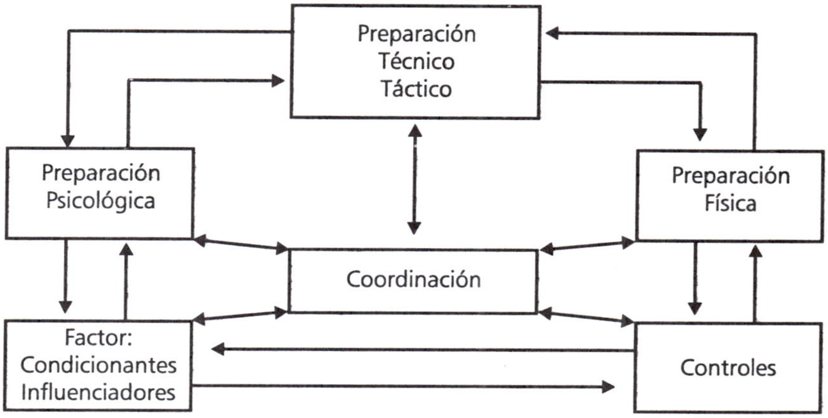

PERIODIZACIÓN DEL ENTRENAMIENTO

Llámese periodización del entrenamiento deportivo a la división del mismo en etapas o períodos, los cuales con base a la literatura internacional existente y a las concepciones propias del autor, son las siguientes:

1. Período Pre – Preparatorio

Corresponde a la toma de una posición inicial y la formulación de los caminos para la partida del entrenamiento.

CUADRO OPERATIVO DEL PERÍODO PRE-PREPARATORIO	
1ª FASE	PROCEDIMIENTOS
Fase de levantamiento de las variantes de trabajo, elaboración de anteproyecto de entrenamiento y movilización de recursos.	1. Estudio de la competición 2. Estudio de la posibilidad de recursos 3. Elaboración del anteproyecto del entrenamiento 4. Movilización de recursos.

2ª FASE	PROCEDIMIENTOS
Fase de diagnóstico.	1. En preparación física a. Identificación de las cualidades físicas del deporte. (Fútbol de Salón) b. Aplicación de tests físicos específicos de las cualidades físicas identificadas c. Análisis del estado físico de los deportistas 2. En preparación técnico – táctica a. Análisis de las posibilidades de resultados b. Análisis del estado de destreza específicas c. Análisis de aptitudes tácticas 3. En preparación psicológica a. Aplicación de tests b. Descripción de perfiles psicológicos de deportistas c. Estudio de relaciones Entrenadores – Deportistas d. Estudio de estímulos positivos para los aspectos psicológicos 4. Los controles médicos: a. Exámenes médicos y de laboratorio b. Exploración funcional

3ª FASE	PROCEDIMIENTOS
Fase de planteamiento del entrenamiento.	1. Formulación de los objetivos generales y específicos en las preparaciones físicas, Técnico - táctica y psicológica. 2. Elaboración de los planes de preparación físico, técnico - táctico y psicológico. 3. Elaboración de planes de control médico. 4. Elaboración de planes alimenticios de los deportistas. 5. Elaboración de fichas personales, físicas - técnico - tácticas y psicológicas para el control del entrenamien to de los deportistas.

2. Período Preparatorio

Comprende la utilización de los medios existentes para la adquisición de la forma deportiva.

CUADRO OPERATIVO DEL PERÍODO PREPARATORIO	
FASE BÁSICA	**FASE ESPECÍFICA**
OBJETIVO GENERAL	
Desenvolvimiento de condición.	Obtención de forma.
OBJETIVOS ESPECÍFICOS	
1. Elevar el nivel de preparación general. 2. Crear base para un desenvolvimiento óptimo en la fase específica.	1. Transformar el nivel de preparación general básica en un nivel elevado de preparación específica del Fútbol de Salón 2. Llevar los deportistas al pico de la forma deportiva.
PROCEDIMIENTOS	
1. Buscar la condición a través: a. De un mejor volumen de entrenamiento. b. De una preparación física general . c. De una memorización de los fundamentos técnicos – tácticos. d. De una elevación de niveles individuales de aspectos psicológicos importantes. e. De una alimentación que pueda ofrecer una contribución energética de acuerdo a la carga de trabajo impuesta. 2. Aplicación de planes de controles médicos y de los hábitos de vida de los deportistas.	1. Llegar a la forma deportiva a través: a. De una mayor intensidad de entrenamiento b. De una preparación física especial c. De una sincronización colectiva técnico – táctico d. De un pro-seguimiento en la elevación de niveles psicológicos importantes e. De una aplicación de un poli-alimento para la competencia 2. Proseguir con la aplicación de controles alimenticios, médicos y de hábitos de vida de los deportistas.

3. Período de Competición

También llamado Período de mantenimiento, comprende todo el tiempo en que se desarrollan las competencias y un pequeño período que antecede al evento principal y que recibe la denominación de fase pre - competitiva.

Se caracteriza por los procedimientos empleados para mantener la forma deportiva alcanzada.

En el período de competición ocurre la frase denominada de "TAPER OFF", que es una etapa en donde hay una reducción de entrenamiento para que los deportistas consigan movilizar todas las posibilidades de máxima perfomance *para el torneo.*

Para un adecuado manejo de éste período, se deben alcanzar los tres objetivos siguientes:

1. Proseguir al perfeccionamiento de las cualidades técnicas y físicas obtenidas al final del período preparatorio de modo que los deportistas mantengan la forma deportiva alcanzada
2. Controlar y corregir a través de estímulos de entrenamiento, los puntos considerados críticos para el torneo esperado, en cuanto a aspectos técnicos, tácticos, físicos y psicológicos. En otras palabras, es un control diario del nivel alcanzado por los deportistas no permitiendo que sean reforzados negativamente los posibles puntos flacos de los mismos
3. Potencializar cada vez más los llamados puntos fuertes en los deportistas, ya que serán justamente los que permitirán más opciones tácticas a los entrenadores y consecuentemente mejores posibilidades de buenos resultados.

4. Período de transición

Es el período ubicado entre el período de competición recién terminado y el inicio de un nuevo plan de entrenamiento. Este período tiene como finalidad provocar proceso de recuperación en los deportistas.

Comprende una reducción necesaria y racional del nivel de la forma deportiva alcanzada, para que produzca una restauración positiva del organismo y dejar condiciones favorables para alcanzar niveles más altos en la próxima preparación.

Después de exigentes programas de preparación y competición, este período debe constar de una reducción racional de estímulo para alcanzar mejores resultados en la siguiente temporada.

La duración de este período dependerá de:

- Estado de desarrollo atlético de los deportistas
- Calendario establecido para la temporada siguiente
- Plano de expectativa formulado, según los objetivos propuestos para con los deportistas.

El objetivo principal del período de transición será ofrecer a los deportistas un descanso activo para los mismos, de modo que puedan iniciar en buenas condiciones la nueva preparación. Las características más importantes de este período son:

- Una reducción en el programa de competiciones.
- Una reducción significativa del volumen y la intensidad en las actividades.
- La práctica de actividades deportivas o físicas por elección de los propios deportistas.
- La recuperación de posibles lesiones sufridas o no curadas totalmente durante el entrenamiento terminado.

LOS CICLOS DE ENTRENAMIENTO

Desde el período de arte del entrenamiento deportivo, precisamente en la preparación de los griegos, se denominan "tetras" que eran ciclos de entrenamiento realizados en 4 días. Actualmente, son estudiados bajo varios puntos de vista por las distintas escuelas científicas, pero son entendidos como factores fundamentales para un futuro logro deportivo.

Personalmente recomiendo que los ciclos de entrenamiento sean compuestos de combinaciones racionales de las necesidades de las valencias físicas específicas de cada deporte (en nuestro caso el Fútbol de Salón). Reforzando las indicaciones de DESSON (1970), se puede mostrar la importancia de la ubicación del entrenamiento en ciclos por la necesidad de:

- Programación de períodos de recuperación
- Ajustamiento de las fases de preparación, para el desarrollo de algunas cualidades físicas
- Adecuación de alternancia entre volumen e intensidad del entrenamiento.

Los ciclos son representados en forma de ondas, que servirán para explicar la distribución de las cargas que serán impuestas a los deportistas y al mismo tiempo que evidenciarán los momentos de estimulación y de reducción de las variantes volumen e intensidad.

Los ciclos identificados en un proceso de entrenamiento deportivo de alto nivel son de tres tipos:

1. Los macrociclos

Los Macrociclos son los tipos de ciclos que representan todo el entrenamiento de una temporada. Debe incluir todas las fases del período preparatorio (básica y específica) y todo el período de competición. Un macrociclo no sobrepasa habitualmente más de una temporada de entrenamiento, pero algunas veces puede ocurrir que por su desarrollo, contenga varios mesociclos.

2. Los mesociclos

Los Mesociclos son los tipos de ciclos que representan algunas etapas de duración más corta, que tienen como propósito orientar a los entrenadores en los aspectos dominantes de un determinado conjunto de microciclos.

Son más utilizados para representar aisladamente las fases del período preparatorio.

3. Los microciclos

Los Microciclos son las menores unidades de entrenamiento y representan las oscilaciones de diversas variantes de preparación y comprenden generalmente divisiones semanales o mensuales. Estos tipos de ciclos orientan a los entrenadores sobre los resultados de trabajo realizado en la semana recién terminada y dan información precisa para la formulación de los microciclos siguientes. Pueden ser reestructurados sin afectar las directrices del entrenamiento previamente establecidas en los respectivos mesociclos y principalmente en el macrociclo de referencia principal.

A continuación, presentamos algunas observaciones importantes sobre los ciclos de entrenamiento que ayudarán a comprender las implicaciones de los mismos en un proceso de entrenamiento:

a. Los ciclos de entrenamiento son directos en relación al incremento del volumen (cantidad) y la intensidad (cualidad) de trabajo. Son representados gráficamente en forma de línea ondulatoria que indican las subidas y descensos en la aplicación de las cargas. Así mismo, los ciclos deben ser planeados para todo el equipo pero es indispensable la representación de cada jugador

b. Los ciclos de entrenamiento deben comprender todos los principios científicos del entrenamiento deportivo (de individualidad biológica, de adaptación, de sobrecarga, de continuidad y de independencia volumen – intensidad)

c. Kruczalak (1971) constató que atletas que son sometidos a programas de entrenamiento de cargas excesivas, necesitan de aplicaciones periódicas de sesiones de trabajo más suave para que consigan estados de supercompensación. Los ciclos de entrenamiento posibilitan en la programación períodos menos intensos en momentos oportunos del proceso de preparación.

d. Kashlakov (1970), con base a estudios de Volkov, Matveien, Leinik y Petrovskiy, afirma que la aplicación de cargas alternas progresivas de volumen e intensidad, en un mismo microciclo, permite que los atletas sean sometidos a nuevas sobrecargas, esperando una recuperación completa.

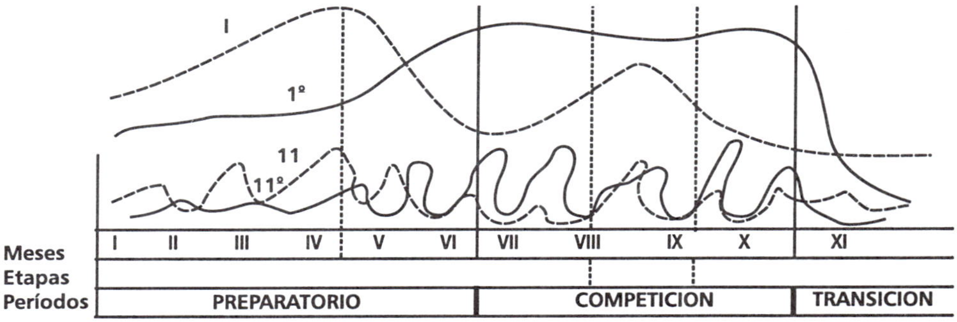

Ejemplo de un ciclo de entrenamiento de Matveien en relación a las variables de volumen e intensidad. Las líneas ondulatorias superiores representan un macrociclo y las inferiores representan varios mesociclos.

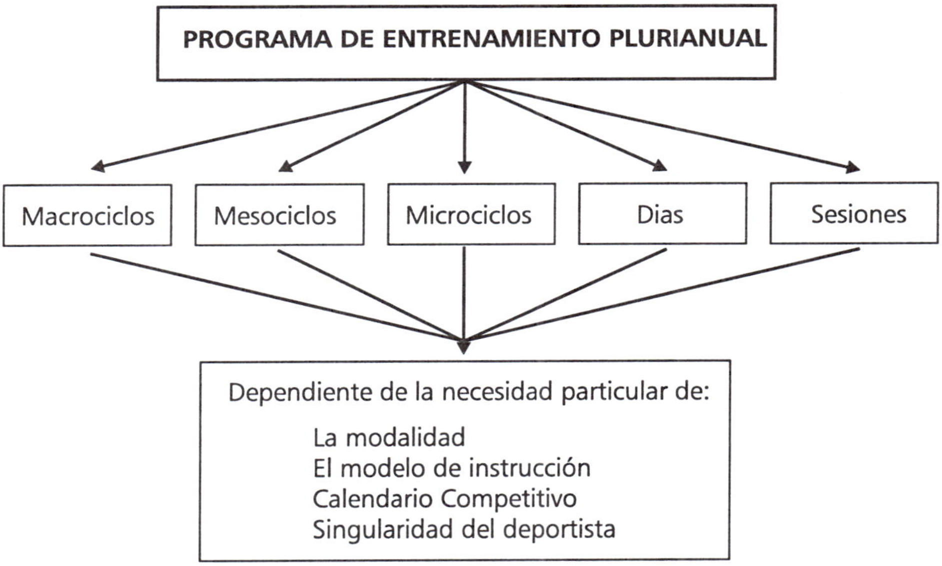

REFERENCIAS PARA EL DESARROLLO DE UN ENTRENAMIENTO DEPORTIVO

El estudio de los grandes resultados deportivos de la actualidad permite deducir algunos puntos de referencia para esquemas de entrenamiento deportivo de alto nivel. Son referencias obligatorias y la no aplicación de una de ellas invariablemente llevará un plan de preparación al fracaso. Ellas son:

1. Un conocimiento de la evolución de la metodología científica del entrenamiento.

Un entrenamiento con bases científicas auxiliará los deportistas a aproximarse o superar sus límites fisiológicos y psicológicos, aportando efectivas condiciones para mejores logros deportivos. Provoca también una economía de esfuerzo y de tiempo, evitando procedimientos inadecuados y aplicación de estímulos que están comprobados como no eficaces

2. Un conocimiento del progreso constante del material deportivo y la tecnología empleada en el entrenamiento

Cuando hay innovaciones del material de entrenamiento, generalmente se hacen con base al conocimiento de los integrantes de la comisión técnica, logrando la oportunidad de conseguir nuevos equipamientos y conocer nuevos procedimientos en el entrenamiento.

3. La necesidad de desarrollar las ambiciones de los atletas

La ambición de los deportistas es tan importante que el entrenamiento como los aspectos físicos, técnicos, tácticos, morales y psicológicos. Este autor considera que la preparación volitiva consta del desarrollo de la perseverancia en la actividad deportiva para obtener mejores resultados. Sin duda, el entrenamiento de alta competición presenta momentos difíciles que deben ser superados con fuerza de voluntad, perseverancia, tenacidad, fibra, coraje, decisión, audacia y dominio de si mismo. Todo lo anterior más la aceptación de un entrenamiento intenso y de gran volumen, permiten que los deportistas tengan un nivel de ambiciones.

4. La imprescindible actualización de los entrenadores

Para que un entrenador tenga un nivel superior dentro de su especialidad técnica (Fútbol de Salón), deberá estar en contacto permanente con las innovaciones que surjan, a través de observaciones y análisis de competiciones, lectura de revistas y libros, participaciones en congresos, cursos, simposios, etc. La actualización de un entrenador será demostrada en su capacidad de formular y reformular un esquema de entrenamiento deportivo para llevar sus deportistas en la búsqueda de altos resultados deportivos.

5. La exigencia de evaluaciones durante todo el proceso de entrenamiento.

La exigencia de evaluaciones, en el proceso de entrenamiento, cada día cobra más importancia y se considera aspecto fundamental para el desarrollo de un correcto plan de reparación. Cada vez más, los instrumentos de evaluación se han perfeccionado lo que obliga a los responsables de la preparación deportiva a procurar información permanente sobre las novedades de este campo. La evaluación de un proceso de entrenamiento permitirá reajustes que impedirán perjuicios en el desarrollo del mismo.

Para el efecto sugiero los siguientes procedimientos que conducen a una evaluación adecuada del entrenamiento.

- Estudio y análisis de resultados
- Análisis de los ciclos planeados

- Estudio evaluativo de cada fase del entrenamiento
- Estudio de registros y consideraciones de variantes no previstas que surgieron a lo largo del entrenamiento.

El autor considera que es imprescindible para cualquier preparación deportiva una determinada calificación técnica de los atletas, por lo cual no considero este aspecto como una de las referencias para el desenvolvimiento del entrenamiento de alto nivel, más si como una precondición para el mismo.

PAUTAS PARA PREPARAR UN ENTRENAMIENTO

- No dé demasiado, simplifique
- Tenga sus jugadores a mano, esto ahorra tiempo
- Empiece con ejercicios de calentamiento
- Termine con ejercicios de juego
- Varíe su forma de entrenamiento diario, esto evitará la monotonía. Es bueno tener dos o tres ejercicios para enseñar una misma cosa
- Haga ejercicios competitivos
- Utilice el reloj y el cronómetro
- Empiece y termine a tiempo
- No alargue demasiado los ejercicios. Una buena pauta para sus ejercicios de equipo es no más de 10 minutos y 7 minutos para el ejercicio final
- Si necesita enfatizar un ejercicio por más tiempo, hágalo en dos sesiones
- Enseñe cosas nuevas desde el principio
- Repita las cosas nuevas diariamente hasta que el resultado sea satisfactorio
- Pase de ejercicios muy duros a otros más fáciles
- Practique 10 minutos extratiempo diariamente
- Termine la práctica con algo positivo, resuma el entrenamiento
- Mantenga a todos los jugadores activos
- Dé objetivos claros a cada ejercicio y asegúrese que todos los jugadores lo entiendan
- Planee sus prácticas con anticipación
- Involucre todas las enseñanzas en el plan

- Refuerce cada enseñanza con una práctica de campo
- Si no lo ha hecho en dos horas y media le falta organización
- Recorte la practica según la edad
- Utilice la totalidad o parte del método completo de la enseñanza
- Presente material a su equipo a su nivel de comprensión
- Repita constantemente la enseñanza
- Maneje una práctica cerrada. El gimnasio es su salón de clase
- Haga su práctica de la misma manera que maneja que dirige un partido
- Debe acentuar la perfección de los detalles pequeños del partido
- Explique a su equipo qué ejercicios realizarán
- Use los jugadores experimentados para demostrar
- Los mejores momentos para enseñar son los entrenamientos, búsquelos
- Parta de la base que sus jugadores no saben nada
- Si sus ejercicios necesitan de defensiva y ofensiva, explique ambos aspectos. Nunca permita a los jugadores formar malos hábitos en algo fundamental simplemente porque su énfasis es sobre otro
- Haga cancha completa diariamente. El cambio de cancha es parte importante en el partido. Ejemplo, remates en ambos arcos
- No condicione (juzgue) a sus jugadores al terminar la práctica, Usted no quiere que ellos se formen sentimientos de culpa.

REGLAS PARA UNA ORGANIZACIÓN EXITOSA

- Antes de enseñar habilidades y destrezas (fundamentos), haga que la gente se sienta bien acerca de sus condiciones. Hágalos creer que ellos pueden mejorar; constrúyalos positivos, no negativos.
- Sea organizado y tenga un trabajo ético a cada momento. Asegúrese que todos entienden el valor del trabajo duro. Cuando usted haya trabajado tan duro como pueda, los fracasos se convierten en abonos para futuras victorias y estas así son mucho más satisfactorias.
- Regrese dos pasos: cuando una crisis se presenta, no tome decisiones apresuradas hasta que Usted emocionalmente sea dueño de la situación. Regrese dos pasos y haga una pausa de diez minutos antes de continuar.

- Organice a su personal. Hágalo sentir valioso, cada uno de sus jugadores y asistentes saben cuán valiosos son; cada uno tiene cosas de lo que es totalmente responsable y de los cuales depende el éxito de la organización
- Escriba todo y haciéndolo en contexto: no deje nada a la memoria porque esta solo sirve cuando usted la necesita. Anote sus metas a corto, mediano y largo plazo. Aproxímese a sus objetivos, haga la lista de los métodos que va a utilizar para lograrlos. Una vez alcance ese éxito, Usted sabrá exactamente lo que consiguió allí. Entonces Usted tendrá qué hallar la forma de hacer cada cosa mejor.

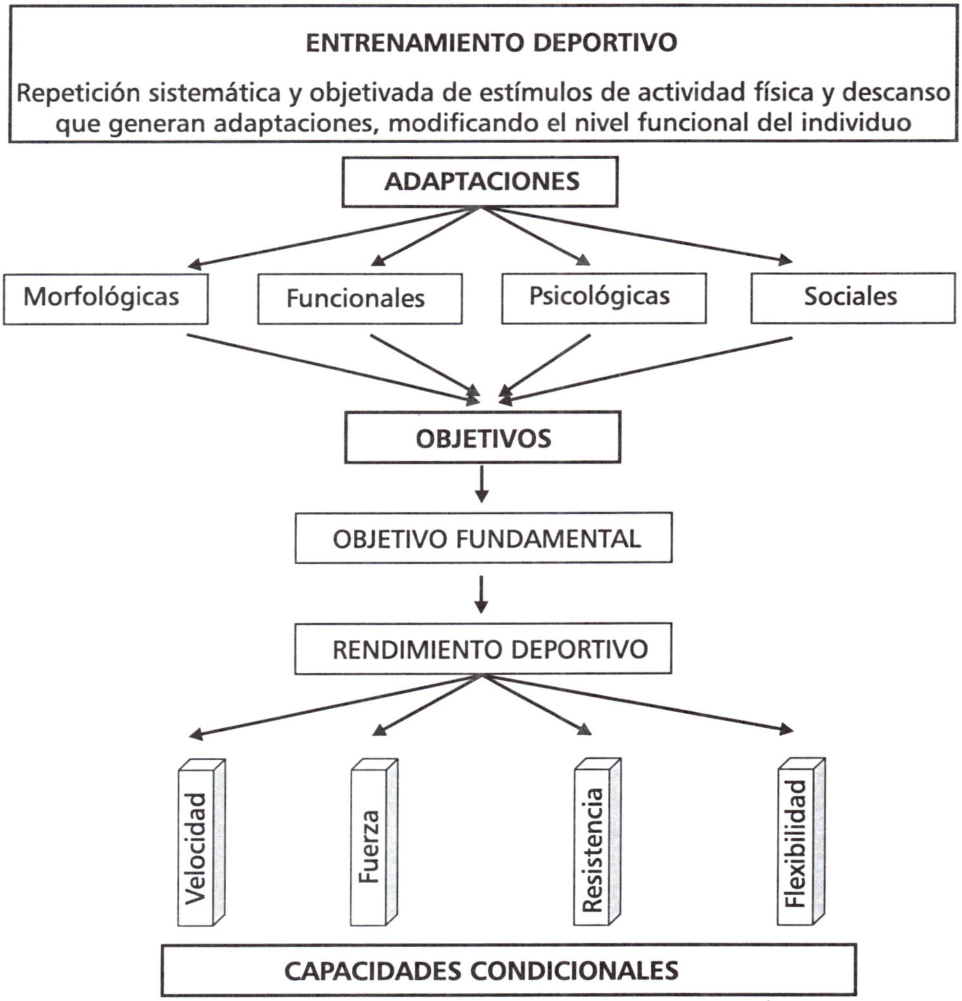

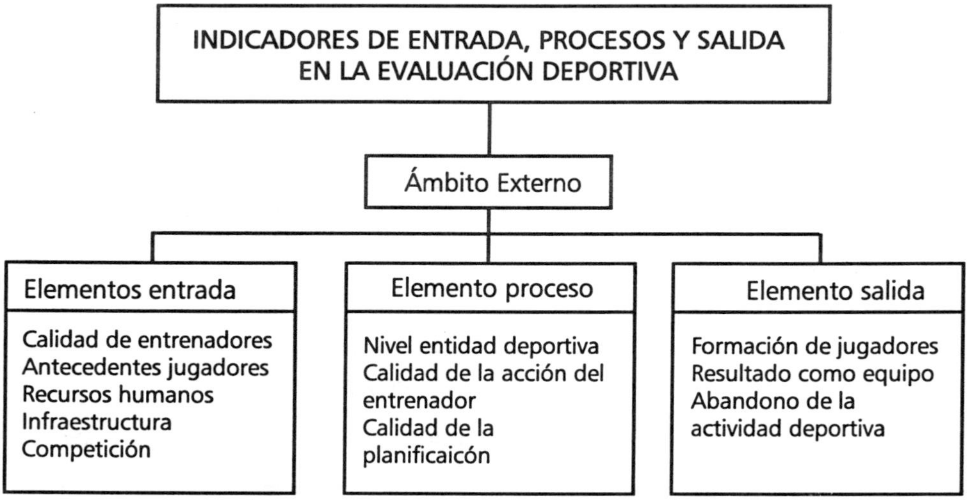

CAPACIDADES DEL RENDIMIENTO DEPORTIVO

Interrelación constante y variable de capacidades en el juego

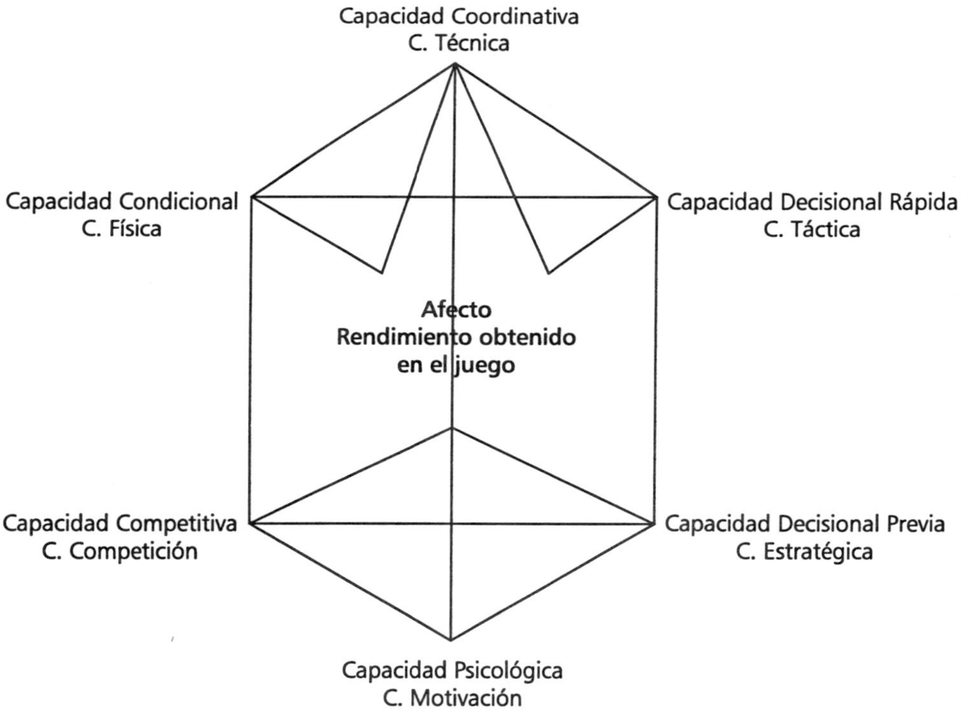

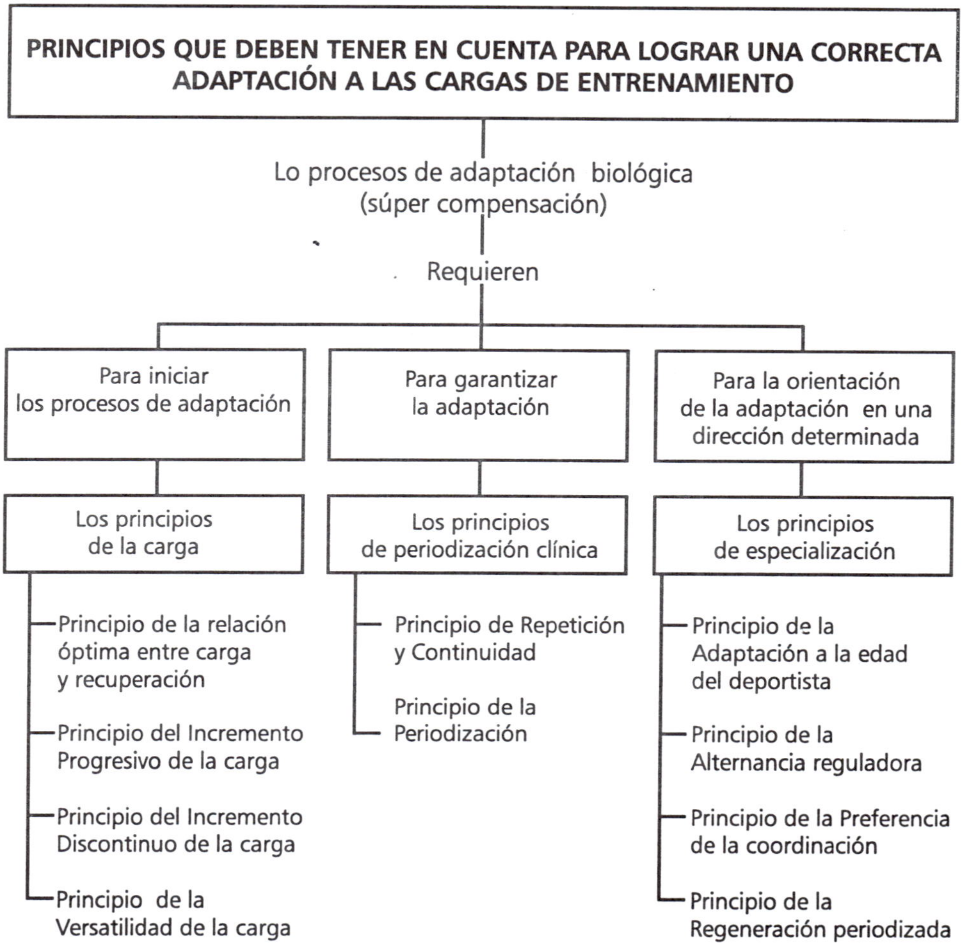
PRINCIPIOS QUE DEBEN TENER EN CUENTA PARA LOGRAR UNA CORRECTA ADAPTACIÓN A LAS CARGAS DE ENTRENAMIENTO
Lo procesos de adaptación biológica (súper compensación)
Requieren
Para iniciar los procesos de adaptación
Para garantizar la adaptación
Para la orientación de la adaptación en una dirección determinada
Los principios de la carga
Los principios de periodización clínica
Los principios de especialización
Principio de la relación óptima entre carga y recuperación
Principio del Incremento Progresivo de la carga
Principio del Incremento Discontinuo de la carga
Principio de la Versatilidad de la carga
Principio de Repetición y Continuidad
Principio de la Periodización
Principio de la Adaptación a la edad del deportista
Principio de la Alternancia reguladora
Principio de la Preferencia de la coordinación
Principio de la Regeneración periodizada

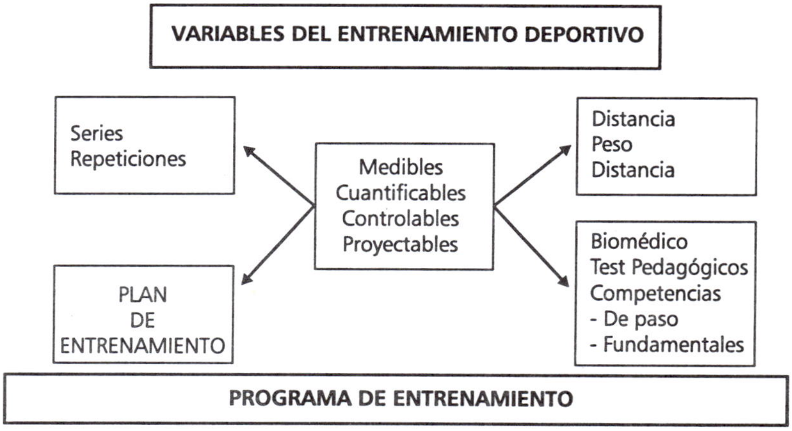
VARIABLES DEL ENTRENAMIENTO DEPORTIVO
Series
Repeticiones
Medibles
Cuantificables
Controlables
Proyectables
Distancia
Peso
Distancia
PLAN DE ENTRENAMIENTO
Biomédico
Test Pedagógicos
Competencias
- De paso
- Fundamentales
PROGRAMA DE ENTRENAMIENTO

CAPÍTULO 3

TÉCNICA Y TÁCTICA

CONVENCIONES UTILIZADAS EN LA GRAFICACIÓN DE LOS EJERICIOS

Movimiento de los jugadores: - - - - - - - - →

Trayecto del balón: ———→

Pantalla o Cortina: /

La técnica es un sistema de movimientos dirigidos a la utilización completa de las posibilidades del deportista para lograr altos resultados deportivos. La técnica deportiva como sistema tiene subsistemas y reglamentos. La estructura de la técnica deportiva como sistema de movimiento puede ser estudiada en dos aspectos: MOTRIZ e INFORMATIVA

La estructura Motriz tiene dos sub – estructuras:

- Dinámica: Que refleja las leyes de la influencia mutua entre las diferentes partes del cuerpo, como también con los cuerpos externos: implementos y adversario
- Kinemática: Refleja las leyes de la influencia mutua entre los movimientos en el espacio y el tiempo.

La estructura informativa, refleja la secuencia de las señales que informan sobre los movimientos (su recuperación y ejecución), lo mismo sobre las condiciones de la actividad.

Desde el punto de vista de la estructura motriz los deportes se dividen en tres grupos básicos:

Primer grupo:

Son deportes con estructura kinemática estable (patinaje artístico, gimnasia, clavados y otros). En estos deportes se ejecutan ejercicios que están previamente determinados en los cuales el deportista tiene en consideración los requisitos de estilo y estética.

Segundo grupo:

Deportes con estructura dinámica estable (atletismo, levantamiento de pesas, esquíes, natación, patinaje y otros). En los cuales tenemos una translación activa, en estos deportes dentro del ciclo anual se recomienda la siguiente secuencia de perfeccionamiento técnico:

Perfeccionamiento de los diferentes elementos (en ésta no se participa en competencia)

Aumento de la velocidad y estabilización de los movimientos (en ésta etapa las competencias tienen carácter de entrenamiento)

Adaptación del sistema de los movimientos a las condiciones de las competencias para lograr altos resultados (en ésta etapa se participa en una serie de competencias preparatorias).

Tercer grupo:

Deportes con variedad en la actividad motriz (todos los juegos de conjunto como Fútbol de Salón, baloncesto, fútbol y deportes de confrontación directa como lucha, boxeo, esgrima y otros). Naturalmente además de los medios comunes para ataque y defensa los buenos deportistas tienen su especialidad, sus técnicas individuales. Es muy importante poder adelantar al adversario en sus reacciones. Por esto la mayoría de entrenamientos para la técnica se realizan en condiciones similares a la competición.

De las consideraciones anteriores podemos extraer una definición global sobre la técnica:

Es el dominio de los implementos de juego en sus diferentes variedades, que dicen relación con su control y utilización. "Es la relación jugador – balón".

El proceso de perfeccionamiento técnico es bastante complicado. Este incluye:

- Los métodos y medios concretos para la preparación técnica
- Las etapas para el perfeccionamiento de los conocimientos y hábitos
- Las actividades para el control y la evaluación de la cualidad técnica específica.

De éste proceso se desprenden innumerables tareas para el entrenador en su entrenamiento, por lo cual la perfección de la técnica se divide en general y especial.

La preparación técnica general: Se realiza antes del trabajo especializado pero ésta se incluye en las siguientes etapas del entrenamiento deportivo. En el período básico se incluye más en los microciclos de tonificación y descarga.

La preparación técnica especial: Tiene como tarea principal el dominio perfecto de los ejercicios competitivos. La preparación técnica especial tiene las siguientes tareas:

- El dominio de la teoría de la técnica deportiva que ayuda a la activación del deportista en los entrenamientos.
- Establecimiento del modelo técnico individual, que depende de las posibilidades del deportista.
- Correcciones de la técnica cuando se aumentan las posibilidades funcionales y motrices del deportista.
- Elaboración de nuevas variantes técnicas.

En el trabajo técnico está su individualización así como también los cambios posibles en las posibilidades físicas del deportista.

ETAPAS DE LA PREPARACIÓN TÉCNICA

De una manara general podemos decir que la preparación técnica atraviesa por dos etapas:

Etapa de la preparación técnica básica:

Que es el comienzo de la enseñanza cuando se crea una base amplia de hábitos técnicos. Se emplea generalmente con los infantiles.

Etapa del perfeccionamiento técnico profundo:

Esta segunda etapa a su vez se divide en tres etapas básicas:

La etapa inicial es la primera mitad del período preparatorio, cuando se realiza con la preparación física general y la especial. Su objetivo es la creación de modelos y variantes de la técnica

La segunda etapa corresponde a la estabilización de los hábitos motrices de la segunda parte del período preparatorio

La tercera etapa se encuentra al final del período preparatorio y en el comienzo del período competitivo cuando aumenta la variedad de las reacciones de las acciones motrices.

MÉTODO DE EJERCICIOS

En la enseñanza de las habilidades del Fútbol de Salón se pueden emplear muchos métodos para lograr los objetivos propuestos. En la mencionada enseñanza aconsejo el empleo del Método de Ejercicios, el cual tiene varias ventajas:

- Es un método óptimo para aprender la técnica en poco tiempo
- El movimiento se automatiza fácilmente
- Le permite al entrenador tener un control absoluto sobre sus deportistas
- Se pueden entrenar muchos deportistas en un campo reducido
- Existe una gama maravillosa de ejercicios sobre la misma técnica y esto resulta ideal para lograr la motivación entre los deportistas.

El entrenador deberá tener una buena gama de ejercicios para no producir monotonía en el entrenamiento. Recomiendo tener en cuenta las siguientes consideraciones dentro del trabajo técnico:

- Explicar, mostrar y hacer que el jugador tenga una idea general de la técnica que va a entrenar. Es importante que el salonista se forme una "imagen mental" de la técnica que va a entrenar antes de hacerla
- En el aprendizaje de una nueva técnica se debe ir de lo fácil a lo difícil para tener una mejor organización mental
- En el aprendizaje y perfeccionamiento de una técnica, son muy importantes las pausas ya que éste tipo de entrenamiento debe efectuarse en un medio

aeróbico para lograr una óptima coordinación. Es fácil comprobar que un jugador después de un esfuerzo máximo falla en las tareas de orden técnico: hacer pases precisos, rematar, controlar el balón, etc.

- El entrenador debe estar muy atento a corregir los errores que se pueden presentar en la ejecución de una técnica para evitar que los mismos se fijen. "No descuidar el más mínimo detalle en el entrenamiento de la técnica"
- Es importante ir de lo simple a lo complejo, aumentar paulatinamente el grado de dificultad hasta lograr el dominio de la técnica
- Finalmente es importante en este proceso gradual, llegar hasta el punto de entrenar la técnica tal como sucede en la realidad del juego.

Dentro de las características generales que enmarcan el actual Fútbol de Salón a nivel mundial, hay algunos aspectos que nos hacen recapacitar en lo relacionado con la planificación del entrenamiento y al tiempo que le debemos dedicar. Estos aspectos a los que me refiero son los siguientes:

- "La técnica es universal". Este aspecto implica que la diferencia radica en la calidad de la ejecución y en la rapidez de la misma. El Fútbol de Salón moderno implica la ejecución de la técnica en pleno movimiento. Quiero decir con esto, que no hay tiempo para parar el balón, pensar, mirar y luego jugar, sino que antes de recibir el balón se mira, se piensa, y cuando se está recibiendo en pleno movimiento ya se está originando una jugada. El entrenamiento de la técnica parte de una forma pasiva y estática que debe terminarse en forma activa y dinámica
- "La técnica y la condición física son pilares de la táctica". A menor grado de preparación física hay menores posibilidades de una correcta ejecución técnica. Hay que prestar atención a estos dos factores si pensamos implementar algún tipo de táctica
- "La calidad de la técnica varía con la presión". Es completamente diferente un entrenamiento de la técnica en el cual no hay presencia de los adversarios a una realidad de juego. La presión o marca que un jugador ejerza sobre otro en un partido es un fenómeno que merece por parte del entrenador atención no solo relacionada con la presencia física sino también con la preparación mental, espiritual y psicológica

En el Fútbol de Salón no solo es necesario poseer una buena técnica, sino además saber aplicarla, es decir, que sea una técnica útil.

El primer principio que debe captar un jugador de Fútbol de Salón es que su capacidad de colocarla toda en beneficio del equipo. Debe entender que éste es un deporte colectivo. La técnica es el elemento base sobre la cual reposan los sistemas, tácticas y estrategias.

> *"UNA BUENA TÉCNICA ES UNA BUENA DEFENSA Y UN MEDIO EFICAZ PARA RESOLVER PROBLEMAS TÁCTICOS".*

FUNDAMENTOS TÉCNICOS EN EL FÚTBOL DE SALÓN

De una manera global a continuación describimos los fundamentos técnicos más usados en el Fútbol de Salón:

Superficies de contacto

Son aquellas partes del cuerpo que entran en relación con el balón, en forma voluntaria, inteligente y con fin determinado.

En el Fútbol de Salón las más utilizadas de abajo hacia arriba son:

Pie:

- Planta: parar, semiparar, desviar, conducir, pasar, driblear.
- Empeine: Amortiguar, pasar, rematar, voleo, semivoleo.
- Borde interno: semiparar, amortiguar, desviar, conducir, driblear, pasar.
- Borde externo: Semiparar, amortiguar, desviar, driblear, pasar.
- Punta: Desviar, pasar, rematar.

Punta — *Empeine* — *Borde Interno* — *Borde Externo*

Canilla:

- Semiparar.
- Pasar.

Muslo:

- Amortiguar.
- Desviar.
- Pasar.

Bajo vientre:

- Semiparar.
- Amortiguar.

Pecho:

- Amortiguar.
- Desviar.
- Pasar.

Cabeza

- Amortiguar
- Desviar
- Pasar
- Rematar

Manos

- Lanzamientos: lateral y de esquina
- Porteros

REMATE

Se debe efectuar rápida y oportunamente, preferiblemente con la punta del pie (puntazo o punterazo).

CLASIFICACIÓN		
REMATE	**POSICIÓN PIE APOYO**	**POSICIÓN TRONCO**
Rasante	Un poco mas adelante con relación al balón	Inclinado Adelante
Media Altura	A la misma altura del balón	Erguido o Ligeramente inclinado adelante
Elevado	Un poco mas atrás con relación al balón	Inclinado Atrás

SUGERENCIAS PARA EL ENTRENAMIENTO

- Lo mejor para entrenar el remate es que cada jugador posea un balón. Produce poco efecto entrenar 10 jugadores con un balón.

- El remate hay que entrenarlo en las condiciones más parecidas al partido.
- Se debe entrenar al jugador para la utilización de ambos perfiles (derecho e izquierdo).
- El entrenamiento del remate se deberá hacer desde cualquier distancia del campo.
- De cada sesión de entrenamiento es necesario emplear entre 15 y 30 minutos para practicar el remate.
- Solamente el entrenamiento constante de éste aspecto le dará al jugador la seguridad para efectuarlo con eficacia.

CONTROLES DEL BALÓN

PARADA

Consiste en detener totalmente la trayectoria del balón.

En el Fútbol de Salón la correcta parada del balón se hará colocando la planta del pie en forma vertical, o sea, la punta del pie estará a una altura superior a la del talón.

SEMIPARADA

Es la detención de la trayectoria del balón dejándola en movimiento, cerca del jugador que efectúa el control, para su posterior utilización.

AMORTIGUACIÓN

Consiste en quitarle velocidad a la trayectoria del balón en forma progresiva.

Su diferencia de la semiparada en que esta se realiza cuando el balón viene del suelo y la amortiguación cuando el balón no ha tocado el suelo.

DESVIACIÓN

Es cambiar la dirección del balón en forma habilidosa e inteligente. Este control tiene características de pase o remate, según la situación del juego.

UTILIZACIÓN DEL BALÓN

CONDUCCIÓN

Es avanzar con el balón en un espacio libre de adversarios. En la conducción se deben considerar tres elementos:

- Visión periférica: Dominio de todo el campo
- Toque del balón: Debe ser corto, suave, rápido y continuado
- Tronco: En una conducción rápida el tronco erguido y en una lenta va ligeramente inclinado hacia adelante.

En el Fútbol de Salón, la conducción no debe ser un fundamento exageradamente utilizado, por cuanto su abuso demora el juego y permite que el adversario ocupe sus posiciones a la defensa.

El desplazamiento en zigzag, el uso de los bordes para eludir contrarios sobre la misma conducción son temas obligados en los entrenamientos.

Dribling

Es llevar el balón eludiendo adversarios, dejando claro que en el Fútbol de Salón la circulación rápida del balón predomina sobre el dribling exagerado por parte de los jugadores.

En el dribling intervienen varios elementos:

- Finta: Es un gesto que se realiza para engañar al rival. Indica la habilidad del jugador para sacar ventaja del espacio, el balón y la decidida intervención del contrario.
- Amago sobre el balón: Es aquella maniobra mediante la cual el jugador que lleva el balón al ser enfrentado o perseguido del rival, simula o amaga un pase o un remate
- Proteger el balón: El cuerpo debe interponerse entre el balón y el rival. El balón debe llevarse con la pierna contraria al lado donde se encuentra el adversario
- Enganche del balón: Para sacar un rival de encima es requisito indispensable llevar el balón pegado al pie y poseer un buen enganche (juego de cintura) con el empeine, borde interno o externo
- Esquive: Consiste en aquellas maniobras en las que se hace pasar al adversario en dirección opuesta a la del balón
- Cambio de dirección: Consiste en cambiar sorpresivamente la trayectoria del dribling.

Pase

PASE (Según)	CLASIFICACIÓN
1. Potencia (distancia)	Corta – larga – media distancia
2. Intención (destino)	Al pie - al claro – al espacio – libre o vacío
3. Sentido (dirección)	Longitudinal – cruzado – diagonal – lateral
4. Altura	Rasante – media altura – elevado

Editorial Kinesis

La pared: Consiste en un pase de primera intención, desmarque y devolución a un toque; es una jugada muy utilizada para arribar con velocidad al arco contrario.

Con la pared se arriesga menos el balón por el no uso de fintas y agilizar el juego porque evita la demora producida por conducir exageradamente.

En la pared se debe tener en cuenta que el pase debe ser rápido, preciso y de fácil recepción, pasar e inmediatamente iniciar el pique y el receptor debe devolver a un toque y alejarse del sitio para facilitar la maniobra de ataque.

EJERCICIOS DE FUNDAMENTACIÓN TÉCNICO – TÁCTICA

A continuación damos algunos ejercicios técnicos para jugadores de campo y porteros, los cuales solo constituyen una parte de la gran cantidad de ejercicios existentes para adelantar el trabajo de fundamentación técnica y de las cuales cada entrenador podrá sacar variantes a cada ejercicio propuesto.

TRABAJO COMBINADO DE JUGADORES DE CAMPO Y PORTEROS

Ejercicio Nº 1

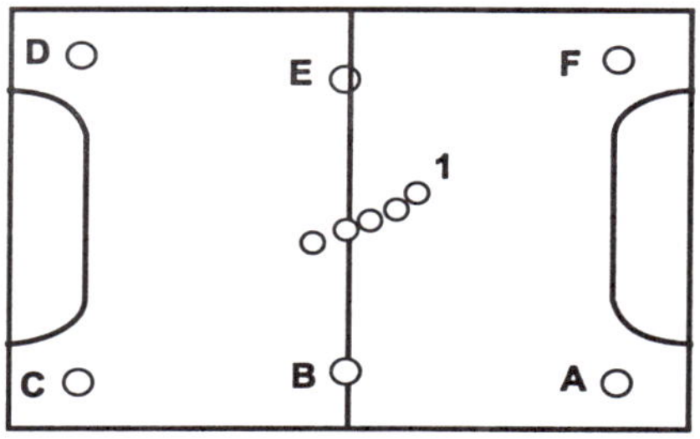

1 pasa el balón a A, quien recepciona y deja estático el balón para que 1 vaya por él y lo pase al B y así sucesivamente hasta terminar en F. Al terminar 1 sale el segundo de la fila. Los jugadores estáticos van siendo reemplazados por los que efectúan el circuito.

Ejercicio Nº 2

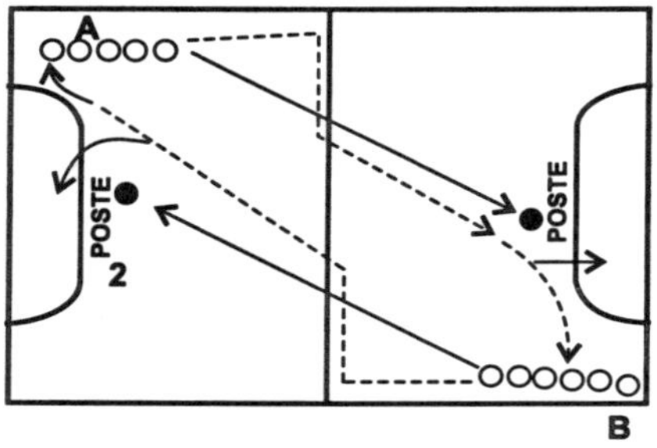

Se ubican dos porteros y dos jugadores haciendo la función del poste. El primer jugador de la fila A pasa al poste (1) y haciendo un cambio de dirección a la mitad va, remata y pasa a iniciar la fila B. Este movimiento lo realizan todos los jugadores de la fila A. Luego se efectúa el mismo ejercicio utilizando el poste No 2.

Variante: El jugador driblará hacia la mitad pasa al poste y va a rematar.

Ejercicio Nº 3

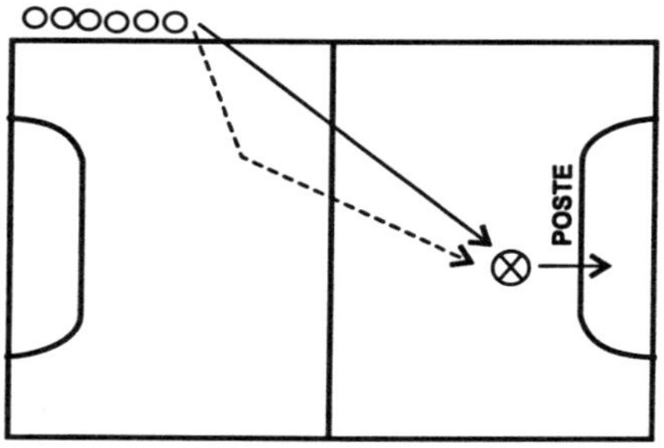

Se utiliza un jugador que hace la función de poste. El primer jugador de la fila efectúa un lanzamiento lateral al poste y va a rematar la devolución del poste. Luego sale el segundo jugador de la fila y efectúa el mismo movimiento y así sucesivamente hasta terminar el grupo.

Ejercicio Nº 4

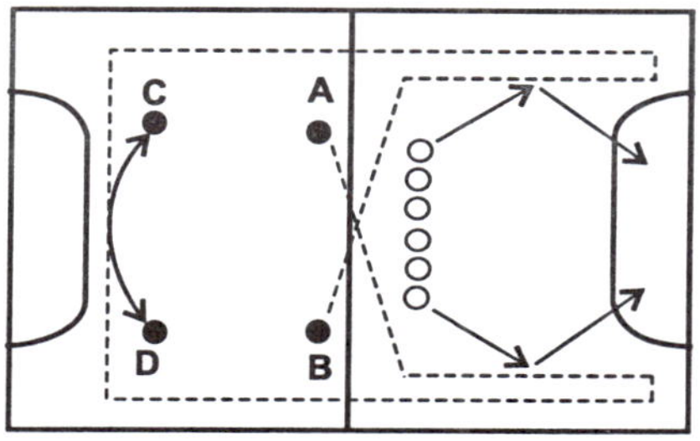

Se ubican varios jugadores en la mitad de la cancha, cada uno con balón. Los demás deportistas se colocan, formando un cuadrado, en la parte posterior de los primeros. El jugador A sale hacia el perfil contrario al de su ubicación y remata el balón pasando por el primer de la fila del centro. Luego de rematar trota hasta el fondo del campo y va a ubicarse detrás de C. Luego sale B y efectúa igual movimiento por el perfil contrario. Los jugadores del centro van siendo reemplazados periódicamente.

Ejercicio Nº 5

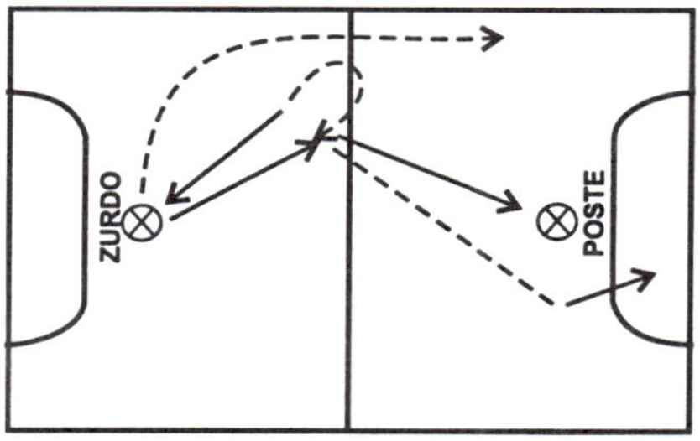

Se ubica un haciendo la función de poste. Se trabaja por parejas. A pasa al jugador del centro (zurdo) y va al lateral del campo y regresa a su posición inicial.

El zurdo pasa a A y pasa por la espalda de éste hacia el perfil izquierda. A pesar al poste y va a rematar la devolución de éste.

Posteriormente se trabaja por el perfil derecho.

Ejercicio Nº 6

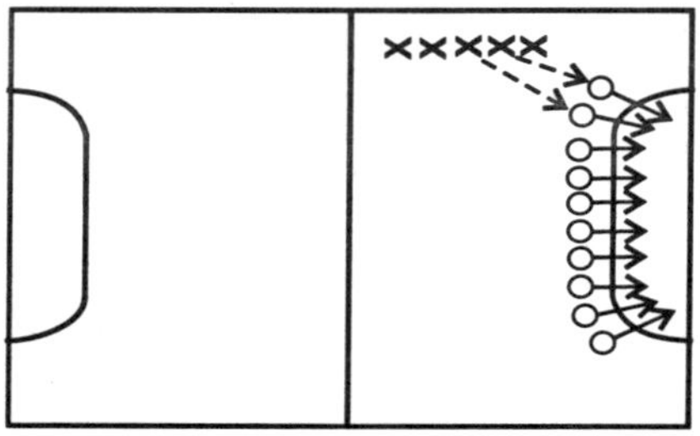

Se colocan varios balones al frente del área. Los jugadores en una fila hacia uno de los costados del campo.

A la orden del entrenador sale el primer jugador de la fila y vienen a rematar seguidamente cada uno de los balones y así sucesivamente hasta terminar todos los jugadores. Cada portero defiende 5 series.

Variante: Cada jugador al frente de cada uno de los balones y a la orden se remata seguidamente.

Ejercicio Nº 7

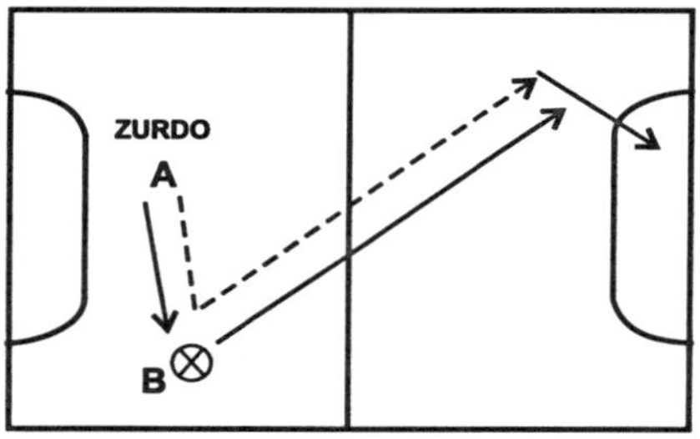

A pasa a B y arranca hacia el lateral de B, pero en la mitad del camino cambia de dirección, va hasta la mitad de la cancha y se dirige luego hacia el lateral izquierdo en donde recibe la devolución de B para rematar al arco.

Luego el ejercicio se hace con un derecho saliendo de la mitad.

Ejercicio Nº 8

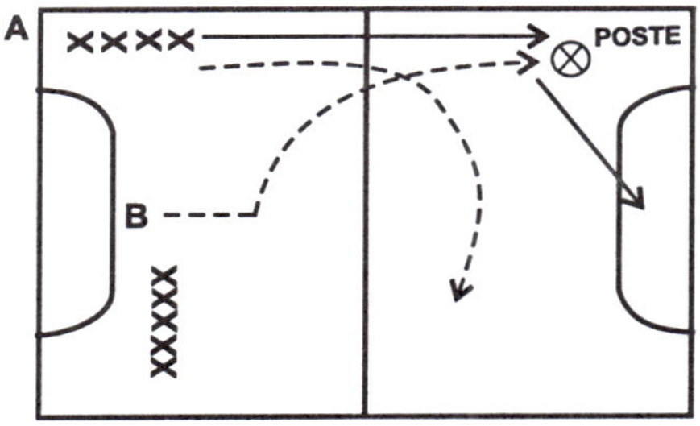

Se ubica un jugador haciendo la función de poste en uno de los laterales cerca a uno de los arcos.

Los jugadores de la fila A pasan el balón al poste, siguen por el lateral y la mitad del camino cambian de dirección y van al lateral opuesto.

Los jugadores de la fila B, después de que salen los de A, se dirigen a la mitad del campo y allí cambian de dirección al lateral izquierdo para ir a rematar la devolución del poste.

Ejercicio Nº 9

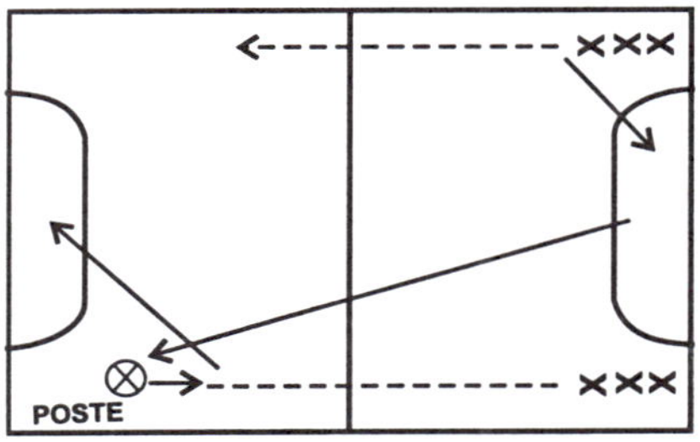

Un jugador haciendo la función del poste y dos filas de jugadores:

A con balón quien pasa al portero y de este lanza al poste.

Los jugadores de la fila B, van a recibir la devolución del poste y rematan al arco.

Por el otro lateral acompaña el jugador de la fila A. Los jugadores van cambiando de fila.

Ejercicio Nº 10

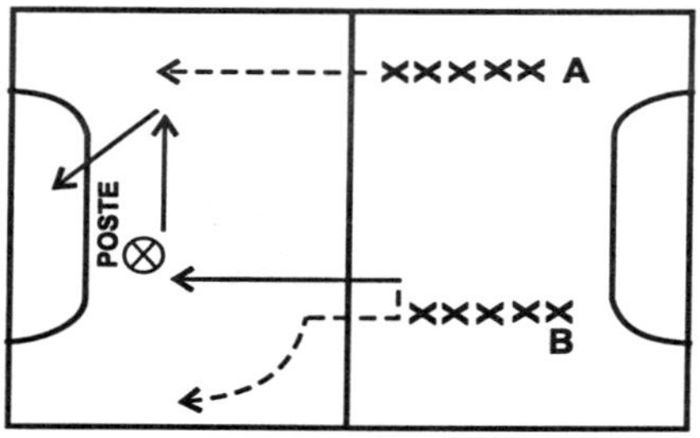

Un jugador haciendo la función del poste y dos filas:

Los jugadores en la fila B, con balón, quienes pasan al poste, van hasta la mitad de la cancha y cambian de dirección al lateral izquierdo.

Al pasar B al poste, el jugador de la fila sube por su lateral, recibe el pase del poste y remata al arco.

Al terminar la jugada los jugadores cambian de fila.

Periódicamente se cambia de poste.

Ejercicio Nº 11

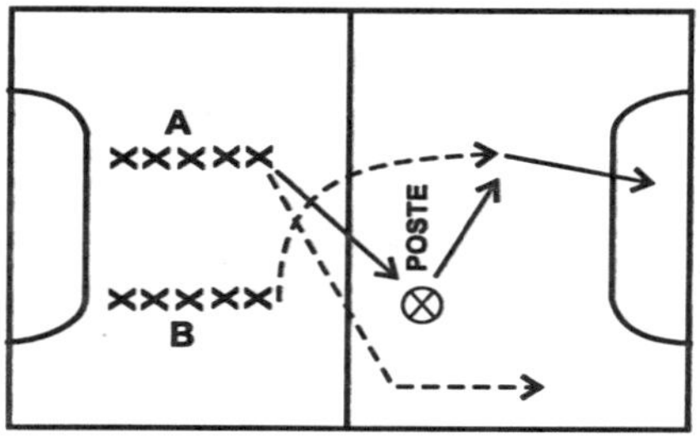

Un jugador haciendo la función de poste ubicado cerca de la mitad de la cancha.

Los jugadores de la fila A pasan el balón al poste y corren por la espalda de este. Luego de que pasa el jugador de la fila A, el jugador de la fila B, hace una diagonal hacia la lateral contrario, en donde se recibe el pase del poste y remata al arco.

A acompaña por el lateral opuesto. Los jugadores van cambiando de fila.

Ejercicio Nº 12

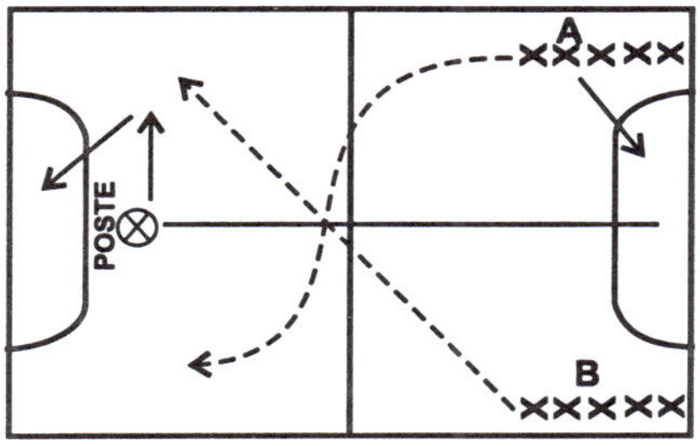

Los jugadores de la fila A pasan al portero quien lanza al poste.

El jugador de la fila A hace un cambio de dirección al lateral opuesto y el jugador de la fila B, realiza igual movimiento al lateral derecho en donde recibe la devolución del poste y remata al arco.

El poste también puede pasar al jugador de la fila A

Ejercicio Nº 13

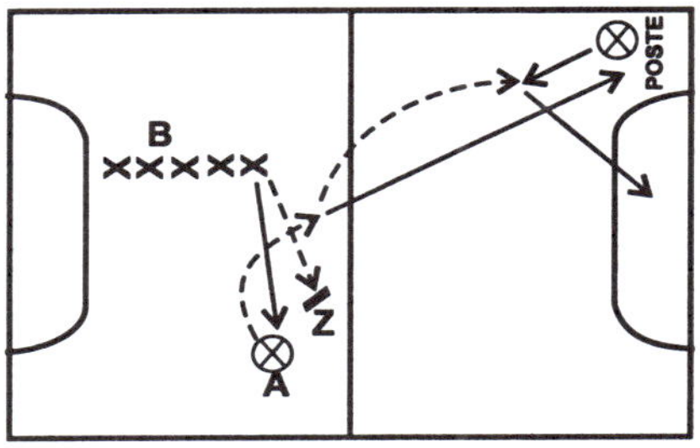

Se ubica un jugador en función de poste en uno de los laterales cerca a uno de los arcos.

Un jugador cerca a la mitad de la cancha en la posición A.

Cuya marca es Z, los demás jugadores en la fila B. El jugador de B pasa a A y corre a efectuar una pantalla o cortina a Z.

A sale con el balón a la mitad y, pasa al poste, corre a velocidad y remata al arco la devolución de éste.

El jugador debe ser zurdo. Las funciones de A y Z y el poste periódicamente se cambian.

Ejercicio Nº 14

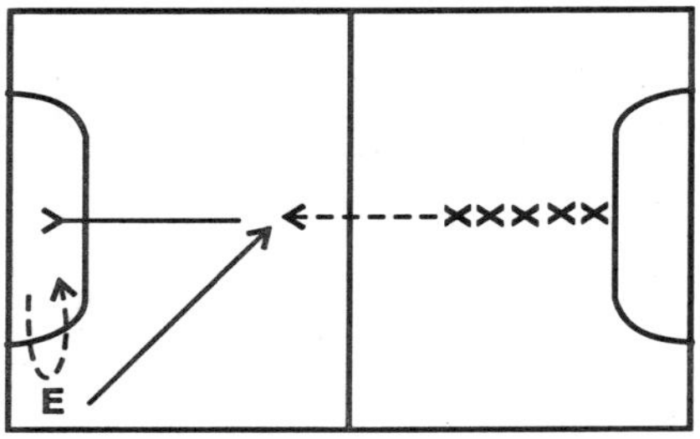

El entrenador (E) o su ayudante se ubica en uno de los costados del área de meta con todos los balones disponibles.

Los jugadores forman una fila detrás de la mitad de la cancha. Al pitazo el portero se dirige hasta la posición del entrenador, momento en el cual éste pasa el balón al primer jugador de la fila cerca del punto pénal para que remate sin parar, al arco.

El portero regresa al arco inmediatamente, el entrenador pasa el balón. Los porteros se cambian cada 5 series más o menos.

Ejercicio Nº 15

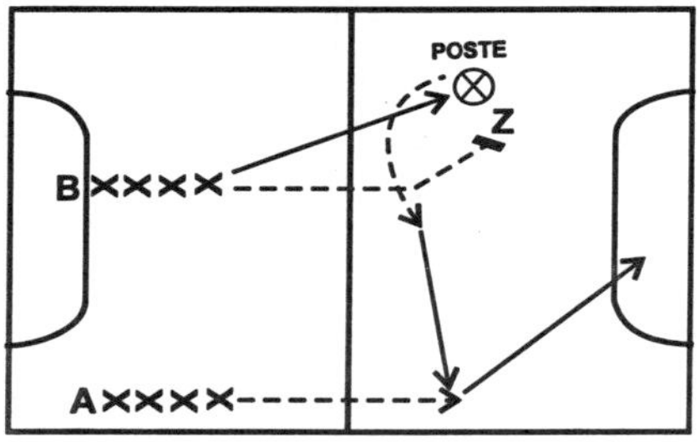

Un jugador de poste cerca a la mitad de la cancha hacia uno de los laterales.

Los demás jugadores se ubican en las filas A y B.

El primer jugador de la fila B pasa el balón al poste y corre a efectuar una pantalla a la marca del poste (Z). El poste sale y dribla a la mitad pasando al lateral A que ha subido al campo contrario para rematar el pase del poste.

Ejercicio Nº 16

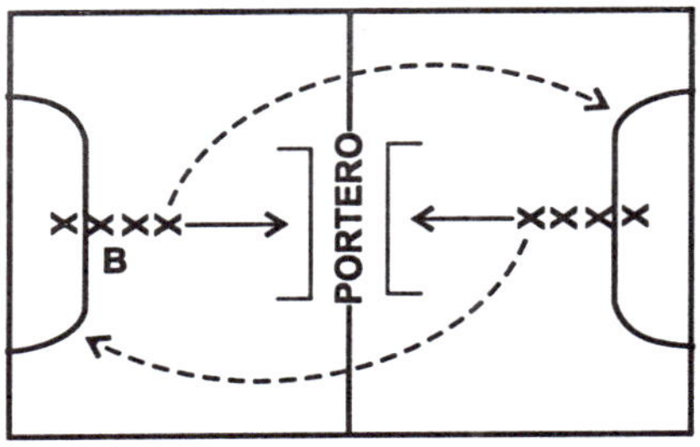

Se colocan en la mitad de la cancha 2 arcos portátiles cada uno en dirección hacia las respectivas áreas.

Los jugadores de campo forman dos filas desde las líneas finales. Un portero se coloca en la mitad de los dos (2) arcos portátiles. A la orden del entrenador el primer jugador de la fila A dribla dos o tres (2 – 3) pasos y remata al arco haciendo luego un traslado de fila. Luego de intervenir en el remate A, el portero gira y va a esperar el remate del primer jugador de la fila B, y así sucesivamente hasta terminar ambas filas. Los porteros se sustituyen cada 5 series más o menos.

Ejercicio Nº 17

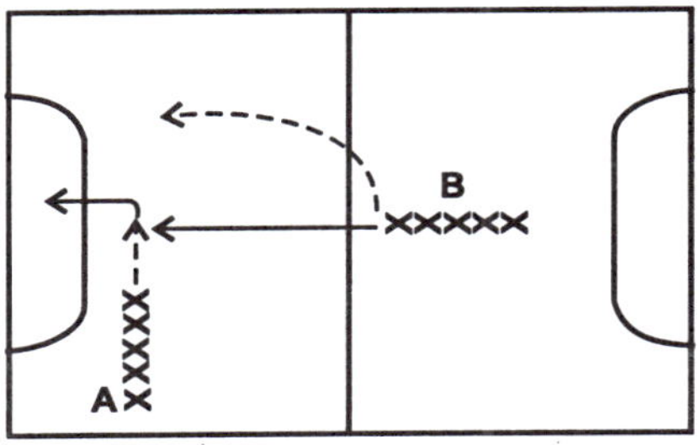

Los jugadores de la fila A se ubican en forma lateral al punto pénal de uno de los campos y la fila B detrás de la línea de mitad de cancha.

El primer jugador de la fila A parte al punto pénal y de espaldas al arco recibe el pase del primer jugador de B, gira y remata al arco.

B acompaña por el lateral contrario. Los jugadores cambian de fila al terminar el ejercicio.

Ejercicio Nº 18

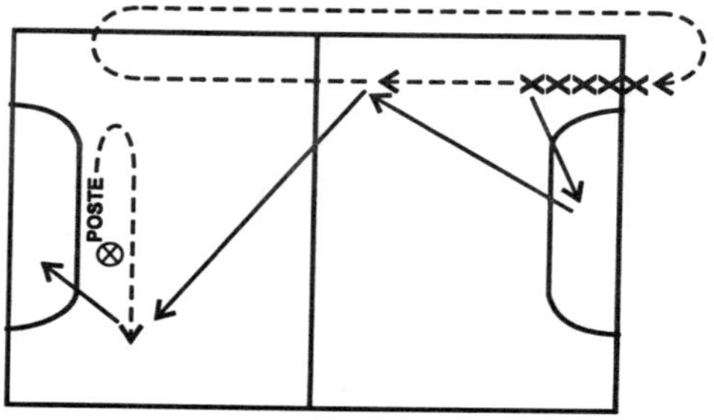

Un jugador haciendo la función del poste. Los demás jugadores se ubican en una fila en uno de los laterales cerca del arco contrario.

El primer jugador de la fila pasa al portero y sale por su lateral y recibe cerca a la mitad de la cancha el lanzamiento de su portero.

Al recibir efectúa un pase en diagonal al poste, quien ha hecho un cambio de dirección, recepciona y remata al arco.

El poste se cambia cada 10 remates.

Ejercicio Nº 19

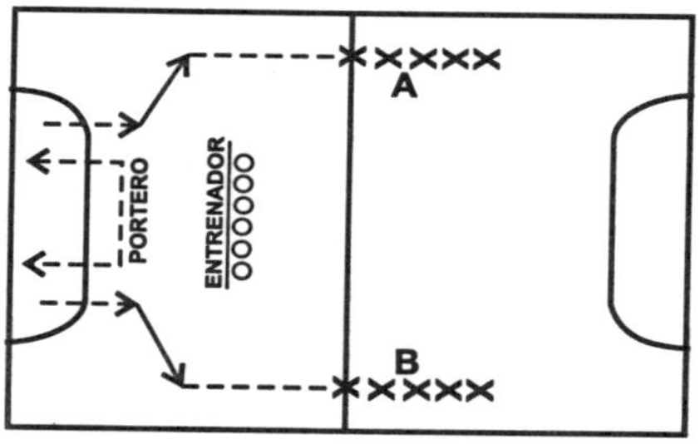

Uno de los porteros se ubica en el punto pénal. Los demás jugadores forman dos filas A y B, desde la mitad de la cancha. El entrenador cerca a la posición del portero con balones. A la orden del entrenador el portero deja el balón cerca del lateral derecho e inmediatamente retrocede de espaldas al arco suyo; el primer jugador de la fila A sube por el lateral y remata de primera el balón dejado por el portero. Al terminar esta acción el portero regresa al punto pénal y repite el movimiento con el primer jugador de la fila B.

Los jugadores de la fila A rematan con perfil derecho y los B con perfil izquierdo. Los jugadores cambian de fila al efectuar su remate, los portero cambian cada 5 series.

Ejercicio Nº 20

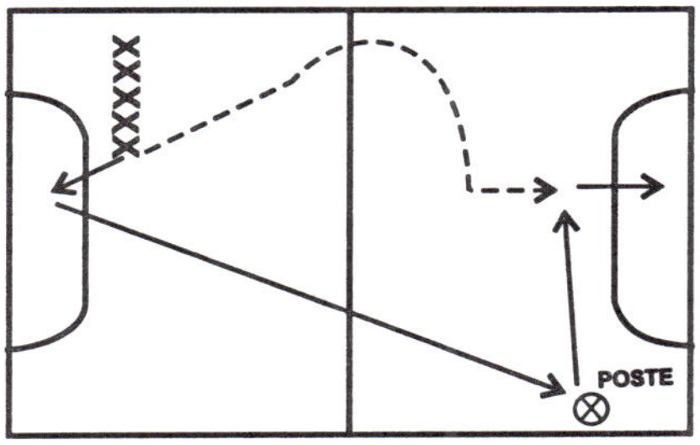

Un jugador hace la función de poste.

Los demás jugadores se ubican en una fila cerca a uno de los porteros.

El primer jugador de la fila pasa el balón a su portero y se dirige al lateral izquierdo y cerca a la mitad de la cancha cambia de dirección y va a rematar el pase del poste, quien ha recibido el lanzamiento del portero.

TRABAJO DE PORTEROS

FÍSICO – TÉCNICO

Pase rasante. Media altura y alto con fuerza y luego lanzar con la mano.

Arrodillado. Seguridad de manos - Fuerza del pie.

Sentado o de pie. Coger antes traspase la línea.

Lanzamientos continuados arriba y abajo.

Saltar obstáculos, estirarse, tomar el balón arriba – abajo.

Al segundo bote. Estirarse y coger o desviarla.

Sentado lanzarle arriba – costados rasante

Sentado – de pie – en cuclillas. Rasante a media altura.

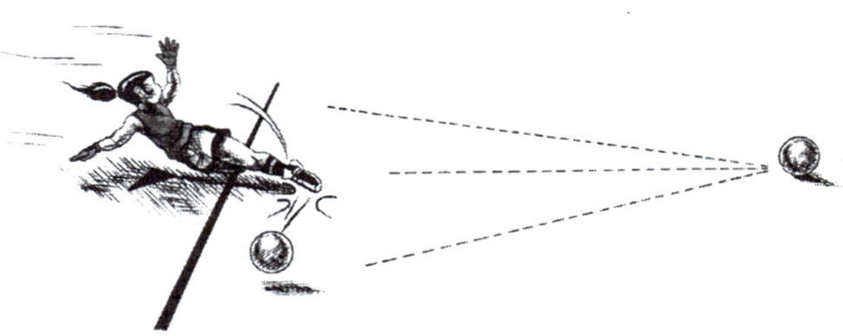

Retroceder y golpearla al lanzamiento de esquina.

Girando trotando interceptar el balón.

AGILIDAD

Balanceo y entrega del balón.

Posición cangrejo manotear el balón

Acostado pararse y coger el balón (continuado).

Arrodillado caída lateral y asegurar el balón (continuado).

Pasar el balón entre las piernas alternando izquierda y derecha, caminando – saltando – balanceando.

Balanceo rodar sobre la espalda parar y chocar el balón.

Sentado pararse y coger el balón.

Con los pies juntos saltar y tocar el balón.

Balón entre los pies atrás y saltar y coger arriba el balón.

Saltar al compañero lanzar el balón arriba y tomarlo antes de caer.

FLEXIBILIDAD

De espaldas entregarse el balón izquierda y derecha. Sentados y parados.

Botecito y rechazo continuado.

Flexionar el tronco y coger el balón sin dejarlo caer (continuado).

Boca abajo – torsión y tocar el balón atrás.

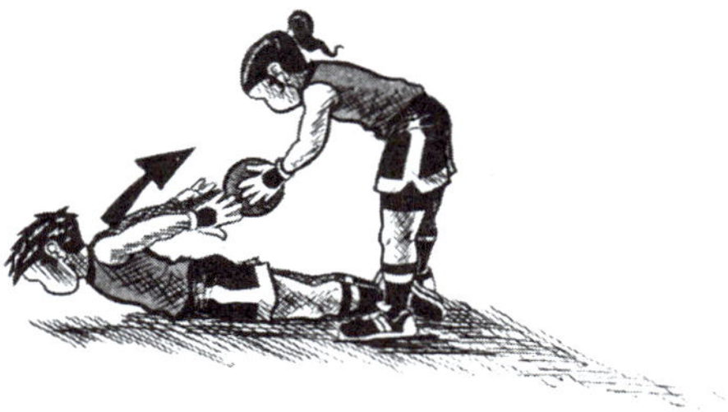

Piernas separadas flexión y extensión del tronco, pasar el balón en forma de ocho por el piso.

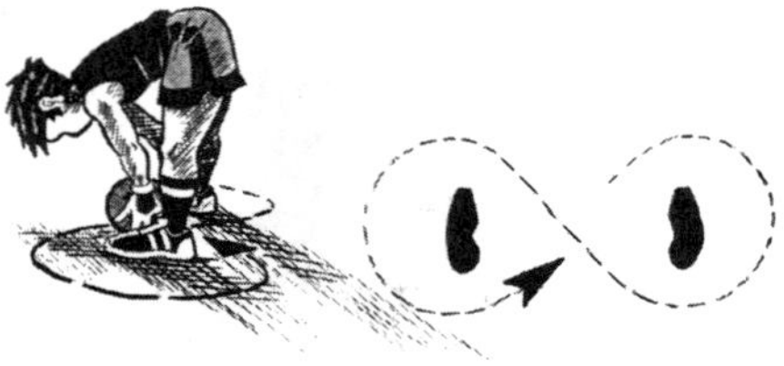

De pie, piernas separadas pasamos de espaldas flexión y pasamos por abajo.

Pasar el balón de mano a mano por debajo del pecho.

Piernas separadas pasar a ras del suelo.

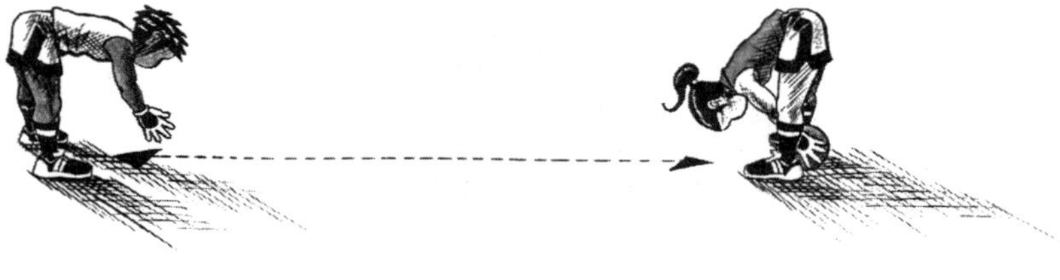

Flexión del tronco y regreso también con torsión.

Sentados entrelazados las manos en los talones se recarga sobre el compañero.

VELOCIDAD DE REACCIÓN

Rapidez sacar las manos: Manos pegadas caderas y no dejar que la pelota caiga al suelo.

Punta de pie tirar adelante picar y tomarla sin dejarla caer.

El compañero pica sin dejar caer el balón al suelo. – Balón en el hombro –

Soltar atrás y recoger sin que caiga al suelo.

A la voz de "ya" lanzar el balón.

Por parejas entregar el balón en distintas posiciones.

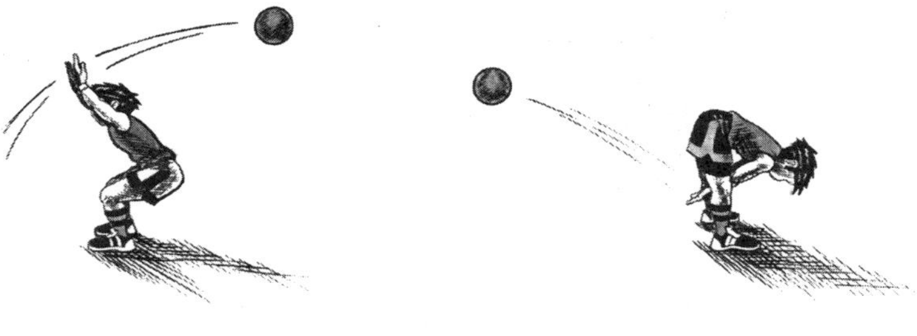

Tenderse atrás y llegar antes de que el balón toque las canillas – a media altura –

Se lanza por entre las piernas adelante y atrás. – Se lanza sobre ella –

Lanzarlo sobre la carrera picar y tomarlo sin dejarlo caer.

Por parejas; uno lanza por arriba y el otro a ras de piso.

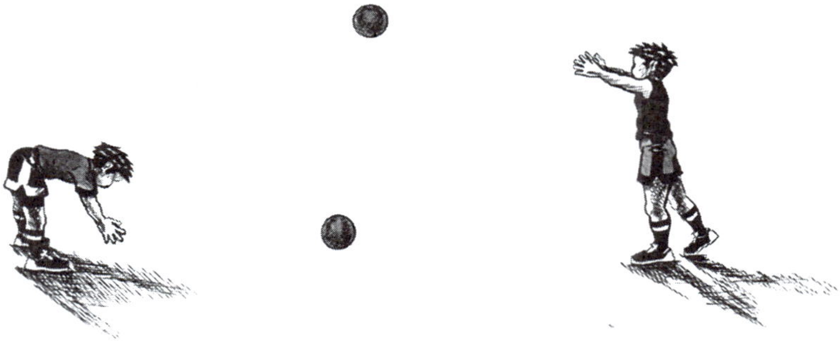

Voleo – semivoleo: Arquero (Mano-Pie)

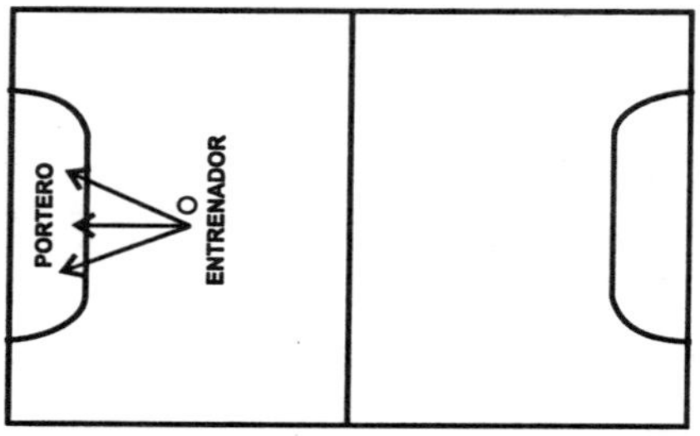

Dos grupos. Tiros al arco y dando vuelta por detrás para no tapar al compañero

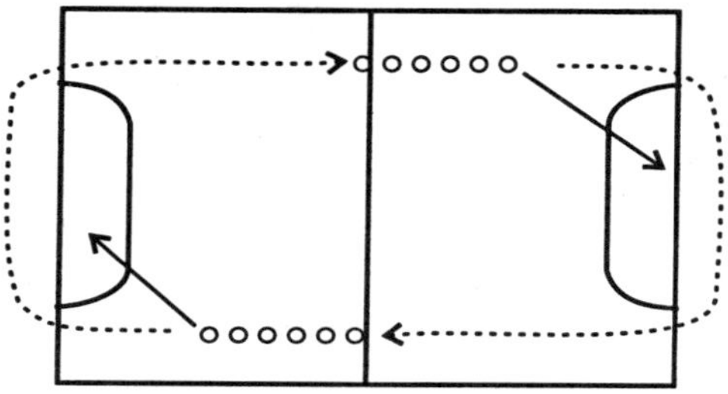

Rasante – media. Centros. Dos grupos patear.

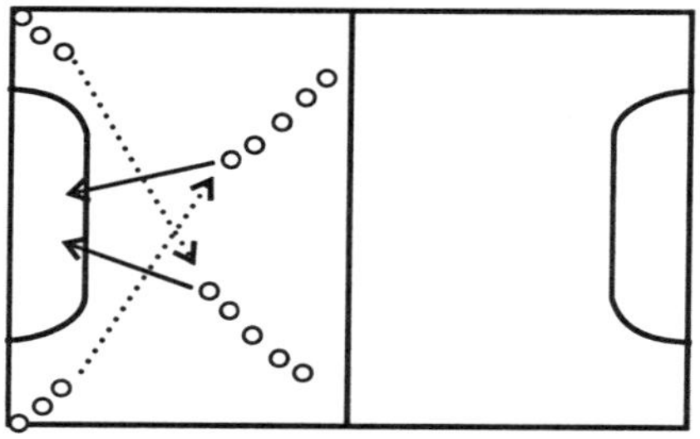

Uno detrás de otro sin dejar levantar al arquero.

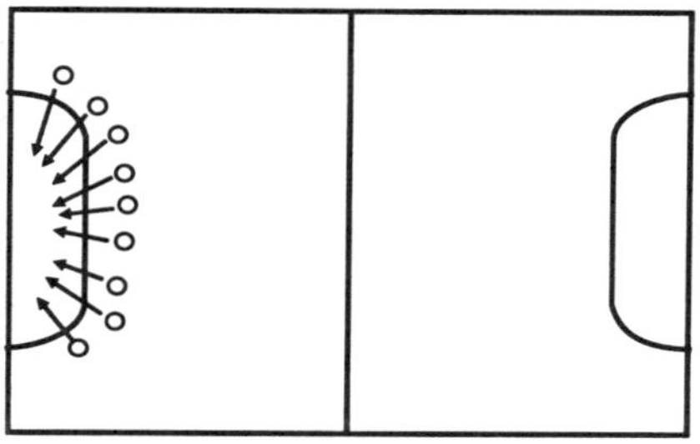

Dos grupos. Conducción del lateral al medio y remate a gol. Luego se cambian de filas.

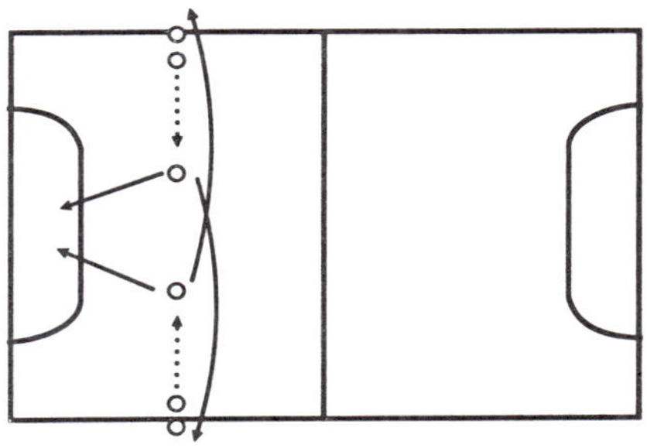

En zigzag patear por el centro y laterales

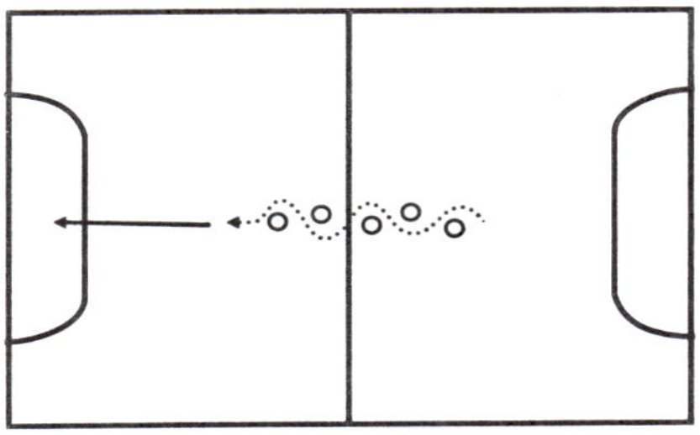

Lanzamientos de esquina.

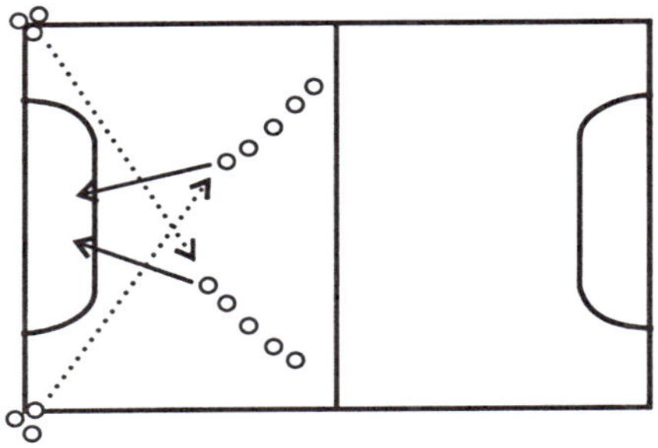

Editorial Kinesis

TEST DE EVALUACIÓN PARA PORTEROS

TRABAJO FÍSICO – TÉCNICO

Ubicación

Pase rasante a media altura y alto. Lanzar con la mano en diferentes posiciones en el área.

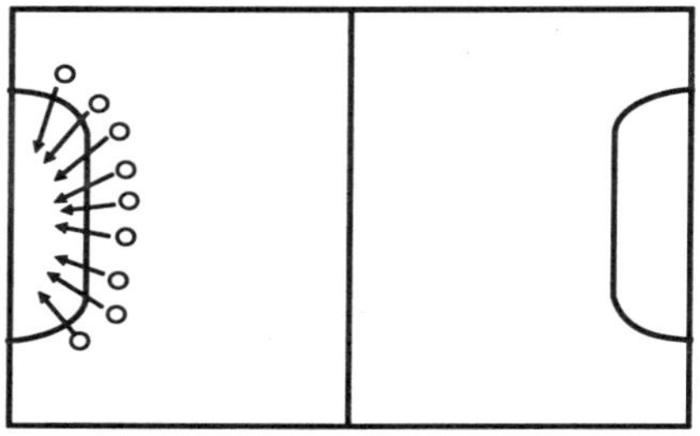

Agarre – "Golpe de vista"

Sentado, manos frente a los ojos. El compañero lanza el balón con fuerza a los ojos del portero para que éste agarre.

Reacción – Agilidad – Coordinación

De espaldas al compañero, a la orden gira y agarra abajo, media altura o arriba el balón.

Agilidad – Flexibilidad – Velocidad – Coordinación

Pasar rápido por entre varios conos y al salir agarra abajo cada balón.

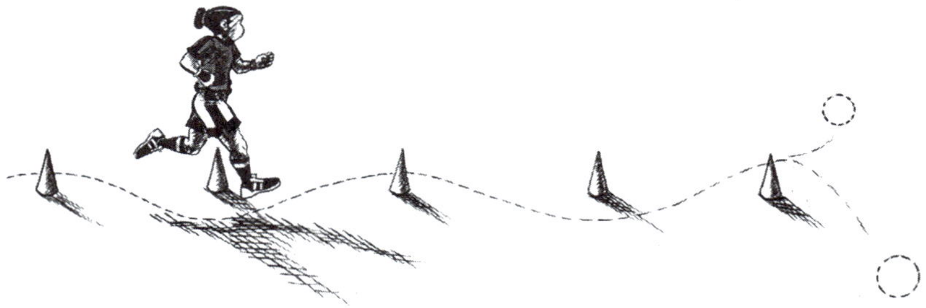

Saltabilidad – Coordinación – Reacción – Agilidad – Flexibilidad

Colocarse detrás de la estaca o valla a la orden saltar y lanzarse por el balón.

Velocidad – Reacción – Agarre – Coordinación

Tocar e ir a agarrar abajo el balón.

Reacción - Coordinación – Agarre

Arrodillado frente al compañero quien le lanza a derecha e izquierda para que reaccione y agarre.

Agrande – Achique – Retroceso – Agarre:

Ir hasta donde el compañero y luego retroceder para agarrar el balón abajo, media altura o alto, lanzado por éste.

Lanzamiento – Reacción – Achique – Agarre

Lanzar el balón hacia delante e ir por él a velocidad y lanzarse para agarrarlo.

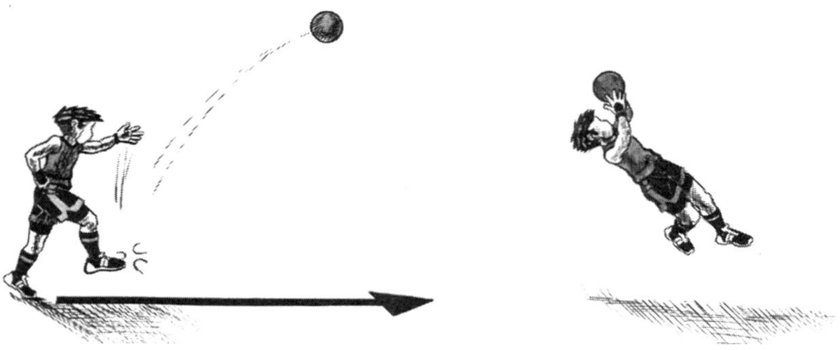

Lanzamiento – Precisión – Potencia – Brazo

Lanzar el balón desde el área y hacerlo pasar por entre los conos. Lanzar 10 y cada pase representa el 10% (Ideal 80%).

Ubicación – Achique –Hombre a Hombre – Lanzamiento

Lanzar el balón a compañeros en mitad de cancha e ir a enfrentarlos.

Coordinación – Reacción – Flexibilidad – Agilidad – Agarre

Colocarse detrás de la valla, a la orden pasar por debajo y lanzarse por el balón.

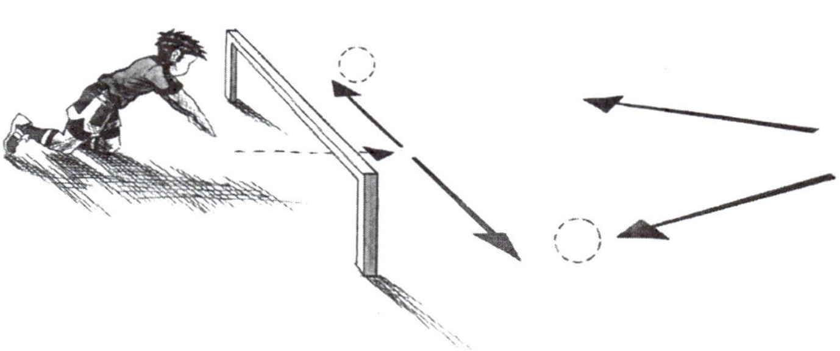

Potencia – Agilidad – Coordinación – Agarre

Colocarse detrás del cono, a la orden saltar a pie junto y lanzarse por el balón.

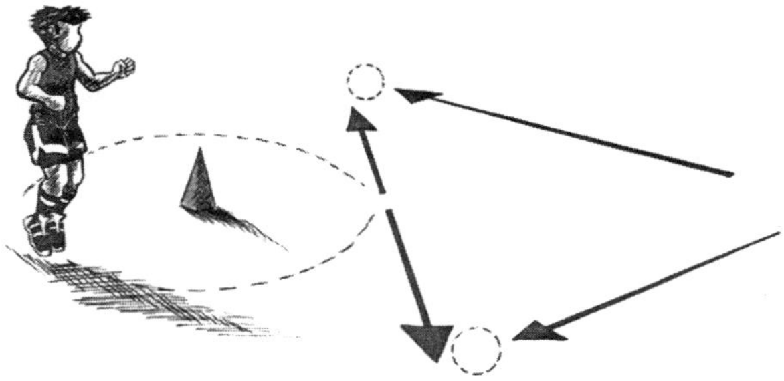

Potencia – Coordinación – Reacción y Agilidad

Portero detrás de la valla, a la orden saltarla e ir a tocar los dos conos y luego lanzarse por el balón a ambos costados.

Velocidad – Reacción – Coordinación – Agilidad

4 Arcos con conos, a la orden ir a cada cono para agarrar el balón en el menor tiempo posible.

EJERCICIOS
DE FUNDAMENTACIÓN TÉCNICA INDIVIDUAL

Ejercicio Nº 1

OBJETIVOS:

- Recepción del Balón
- Devolución correcta del balón (acción de un pívot)
- Reacción rápida de una determinada jugada
- Pase correcto.

DESARROLLO: El jugador B recibe el balón de A y la devuelve a un toque y hace el giro sobre el obstáculo. A recepciona correctamente el balón y hace el pase a B, utilizando ambos perfiles.

VARIANTE: Se realiza a media altura o con la cabeza.

Ejercicio Nº 2

OBJETIVOS:

- Iguales al anterior.

DESARROLLO: El jugador B avanza hacia A y devuelve el balón enviando por éste; luego gira y hace el mismo movimiento hacia C. Luego los jugadores A y C reemplazan a B en su función.

VARIANTE: Se realiza con la cabeza o a media altura.

Ejercicio Nº 3.

OBJETIVOS:

- Pase del balón a un toque.
- Movimiento a una zona del campo con base a rotación.
- Manejo de ambos perfiles (derecho – izquierdo).

DESARROLLO: El jugador de la fila A pasa al jugador de la fila B quien devuelve al siguiente de la fila A y este al siguiente de la fila B. Los jugadores de la fila A pasan con perfil derecho y los de la fila B con perfil izquierdo.

VARIANTE: Los jugadores al ejecutar el pase cambian de fila.

Ejercicio Nº 4

OBJETIVOS:

- Uso correcto de la superficie de contacto.
- Reacción y desplazamientos rápidos y coordinados.

DESARROLLO: El jugador B devuelve el balón a ras de piso al jugador A; gira, avanza y devuelve con la cabeza a C.

Los tres jugadores van cambiando de posición.

Ejercicio Nº 5

OBJETIVOS:

- Uso correcto de las superficies de contacto.
- Manejo de la desmarcación y cruces para esquivar la marca del contrario.

DESARROLLO: A pasa el balón a B quien luego de devolver se traslada a derecha e izquierda alternadamente, regresando a su posición central.

VARIANTE: Se puede realizar con la cabeza o a media altura.

Ejercicio Nº 6

OBJETIVOS:

- Manejo de superficies de contacto.
- Capacidad de pase a un toque.
- Ubicación y manejo de diferentes zonas del campo.

DESARROLLO: A toca a B, quien devuelve de primera intención corriendo en semicírculo, ida y vuelta.

Posteriormente los jugadores cambian de posición.

Ejercicio Nº 7

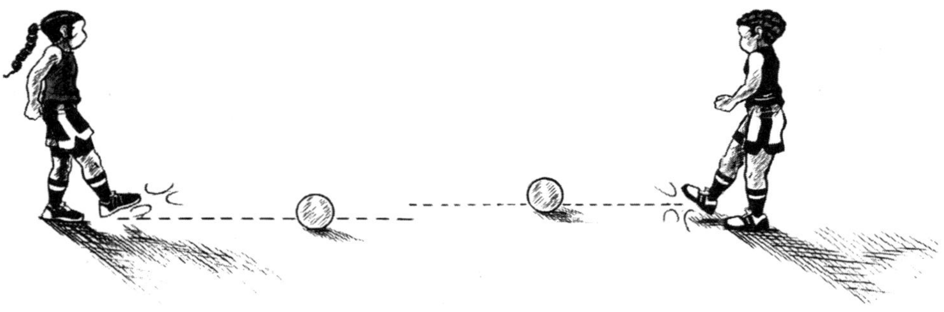

OBJETIVOS:

- Uso correcto de las superficies de contacto.
- Manejo del fundamento del pase.
- Reacción a estímulos rápidos.

DESARROLLO: Con dos balones. A toca a B, mientras B hace lo mismo con el otro balón. Al momento del pase cada jugador utiliza el perfil (derecho – izquierdo) contrario al usado por el compañero.

Ejercicio Nº 8

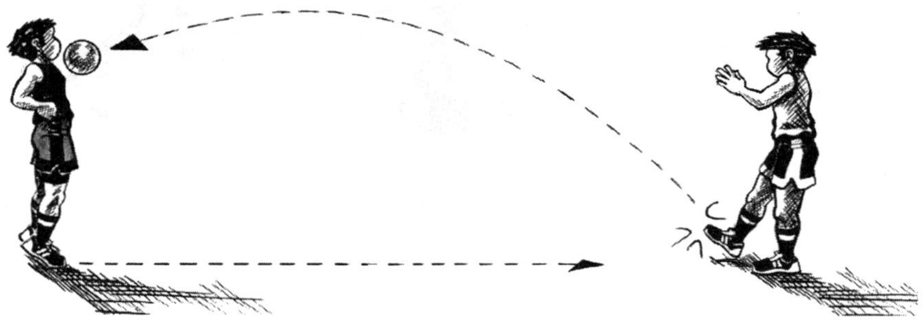

OBJETIVOS:

- Manejo de diversas superficies de contacto.
- Pase correcto.

DESARROLLO: A pasa rasante a B, quien da alto a A y éste controla el balón con el pecho, el muslo, la cabeza, etc.

Ejercicio Nº 9

OBJETIVOS:

- Igual a los anteriores.

DESARROLLO: A, B y C intercambian el balón con pases a ras de piso, en primera instancia con la pierna hábil y luego con la inhábil.

VARIANTE: Pases con la cabeza.

Ejercicio Nº 10

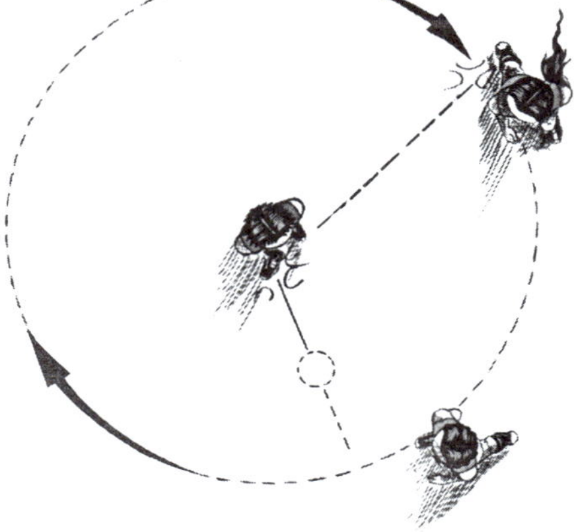

OBJETIVOS:

- Manejo correcto del fundamento técnico de "La pared".
- Pase correcto a un toque.
- Uso del pase y desmarcación inmediata.

DESARROLLO: A toca a B y C, quienes en círculo devolviendo en pared el balón. Los jugadores B y C posteriormente cambian de posición con A.

Ejercicio Nº 11

OBJETIVOS:

- Pasar el balón superando la marca
- Visión periférica del campo.
- Pase con obstáculo del contrario.

DESARROLLO: B jugador en posición estática y con piernas separadas hace función pasiva.

A pasa el balón a ras de piso a C quien lo devuelve por entre las piernas de B.

Luego A le envía el balón por encima y C la devuelve de cabeza por encima de B.

VARIANTE: B puede cumplir función activa.

Ejercicio Nº 12

OBJETIVOS:

- Pase correcto con adversario de por medio.
- Visión total del campo.
- Desmarcación exacta y rápida.

DESARROLLO: A y C se pasan el balón cambiando de posición y B trata de interceptar.

La función de B es posteriormente efectuada por A y C alternadamente.

Editorial Kinesis

Ejercicio Nº 13

OBJETIVOS:

- Reacción inmediata a balón en movimiento.
- Devolución correcta del balón.
- Fundamentación del trabajo del trabajo del pívot.
- Manejo de ambos perfiles (derecha e izquierda)

DESARROLLO: El jugador A pasa el balón a unos de los costados de B quien la devuelve de primera e inmediatamente retrocede, para que usando el otro perfil devuelva el balón lanzado nuevamente por A. Luego los jugadores cambian de posición.

VARIANTE: Con la cabeza.

Ejercicio Nº 14

OBJETIVOS:

- Movimientos sin balón a una zona libre del campo.
- Pase correcto.
- Recepción correcta.

DESARROLLO: El jugador A toca a B y se dirige por la espalda de este avanzando por el lateral.

B recibe y pasa a C efectuando un movimiento similar al de A por el lateral opuesto, C recepciona y pasa a A y así sucesivamente (movimientos en trenza).

Ejercicio Nº 15

OBJETIVOS:

- Devolución correcta a un toque.
- Reacción rápida a un estímulo.
- Recepción correcta.

DESARROLLO: E avanza hacia A y devuelve el balón que éste la ha pasado. A recepciona el balón y E regresa a su posición central y se dirige hacia B para repetir la anterior acción, y así sucesivamente con los otros jugadores. Al terminar el jugador central los jugadores de los extremos ocupan esta posición.

VARIANTE: Se puede efectuar con la cabeza o a media altura.

Ejercicio Nº 16

OBJETIVOS:

- Pase correcto.
- Recepción correcta.
- Uso adecuado de las zonas del campo

DESARROLLO: A pasa a B quien recepciona el balón. Luego de pasar el balón A se dirige a la fila B. B pasa a C y se dirige a la fila C y así sucesivamente.

Editorial Kinesis

Ejercicio Nº 17

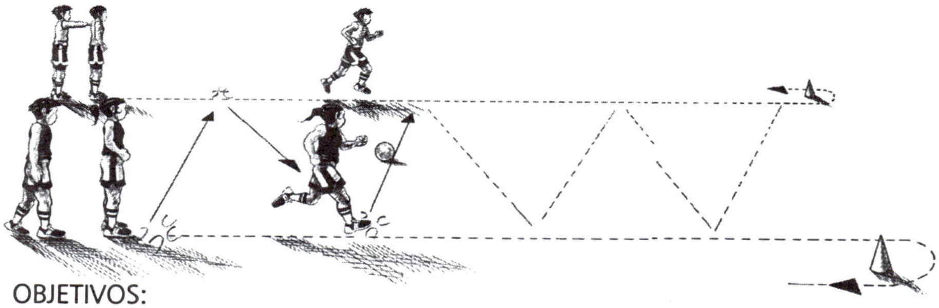

OBJETIVOS:

- Pase de balón.
- Pase a velocidad y uso de superficie de contacto.
- Desplazamiento rápido y coordinado.

DESARROLLO: Doble hilera de jugadores. Partirán en parejas haciendo pases hasta llegar al punto señalado.

Los pases se harán primeramente con el borde interno del pie, luego con el externo y finalmente con la punta. Al llevar el balón, el jugador solo podrá tocarla dos veces. Una para detenerla y otra para efectuar el pase. Cada técnico podrá introducir variantes en este ejercicio.

Ejercicio Nº 18

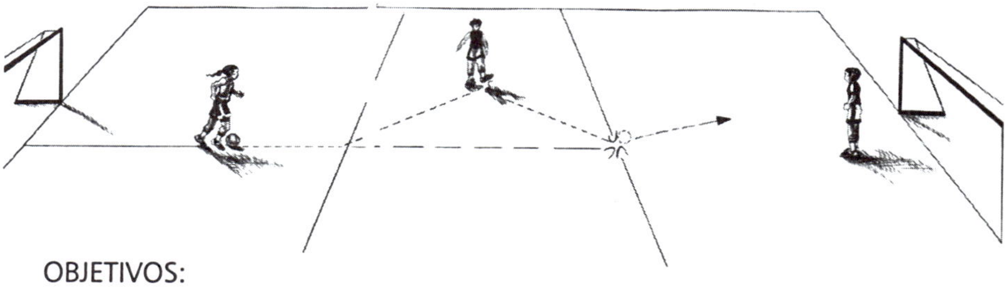

OBJETIVOS:

- Pase correcto.
- Recepción y toque rápido del balón.
- Pegada al balón en movimiento.
- Uso correcto del puntazo o punterazo.
- Reacción rápida a un estímulo.

DESARROLLO: Dos jugadores A y B, se colocan cada uno delante de un arco. El jugador A corre con el balón hasta la primera línea (I) y hace el pase al jugador neutral (C). Este la devuelve hacia la segunda línea (II), hasta donde bueno ha llegado A quien remata de primera tratando de hacer un gol. Luego es B quien repite el juego. Posteriormente ambos jugadores son reemplazados por sendos compañeros.

Ejercicio Nº 19

OBJETIVOS:

- Iguales al anterior.

DESARROLLO: A, B, C y D jugadores separados de la posición del jugador central E a una distancia aproximada de 5 metros. Al pitazo o señal del entrenador E salta sobre la valla y conduce el balón hasta por detrás de A y regresa a su posición inicial. Inmediatamente salta nuevamente la valla y va hasta B para devolver de primera intención el balón pasado por éste, regresa y repite la acción con C y D. Cada jugador cumplirá la función ejercida por E.

Ejercicio Nº 20

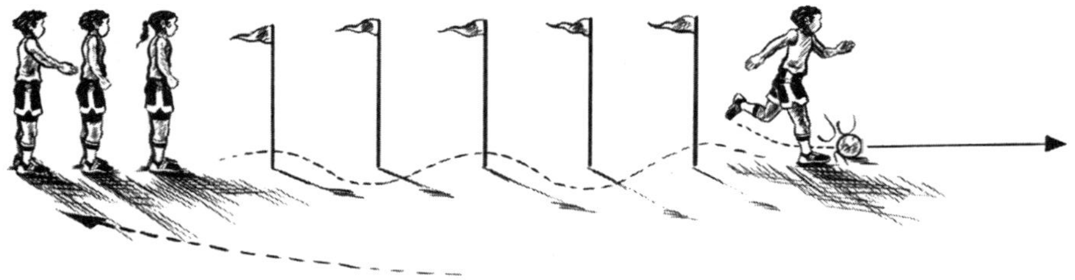

OBJETIVOS:

- Conducción del balón.
- Dribling y finta correcta.
- Reacción y recuperación a velocidad del balón.

DESARROLLO: Cada jugador con un balón dribla pasando los obstáculos empleando inicialmente el borde interno y luego el borde externo. Al salir del último obstáculo patea fuertemente el balón y a velocidad lo alcanza. Regresa a la fila por uno de los costados conduciendo el balón a un ritmo moderado.

TÁCTICA

Conceptos básicos

La preparación táctica, considerada independientemente, identifica los procedimientos establecidos por los entrenadores para colocar sus jugadores en la mejor condición de competición, de acuerdo a los adversarios. Dentro de la complejidad de un entrenamiento deportivo, la preparación técnico – táctica deberá ser siempre concebida como una sola unidad, pues las opciones tácticas siempre estarán condicionadas por las posibilidades técnicas.

Matvelen (1977) establece los siguientes propósitos en una preparación táctica:

- Asimilación de los fundamentos teóricos de la táctica deportiva (adquisición de conocimientos sobre recursos tácticos sobre "cómo" y "en qué" condiciones deben ser aplicadas)
- Estudio de las posibilidades de los adversarios y las probables condiciones de competición
- Asimilación de los recursos tácticos, en todas sus combinaciones y variaciones, para poder llegar al dominio de las destrezas y hábitos tácticos
- Desenvolvimiento del pensamiento táctico y de otras condiciones necesarias para el dominio de la interpretación táctica.

Para la formación y adecuación de las capacidades tácticas de nuestros jugadores, hay que tener en cuenta cuatro (4) factores responsables de ésta situación.

1. La adecuación del poder de observación (amplitud visual, cálculos ópticos, motores, la atención)
2. La formación del pensamiento táctico, esto es, el desarrollo del conocimiento táctico (reglas, principios, soluciones individuales y colectivas posibles) que pueden ser subdivididos en:
    a. Pensamiento táctico con un desarrollo activo de conocimientos
    b. La transferencia de conocimientos tácticos a situaciones análogas
    c. Consolidar conocimientos tácticos mediante la actualización de los mismos
    d. Asociar los conocimientos en situaciones mentales.
3. El desarrollo de las actividades sensorio – motrices a través de:
    a. Las acciones de reacciones indirectas (percepción y motricidad)
    b. Las habilidades tácticas individuales
    c. Las habilidades tácticas colectivas, esto es, los estereotipos dinámicos.
4. El aprendizaje de la acción táctica creadora individual y colectiva, a partir de sólidos conocimientos y de habilidades técnicas.

Para este autor, en la preparación táctica, los entrenadores deben trabajar diferentes alternativas tácticas que puedan superar los posibles sistemas estratégicos y tácticos de los adversarios considerando sus propias posibilidades del momento.

Adaptando el pensamiento de Mahlo (1977), puede decirse que las opciones tácticas de un equipo en una competición de alto nivel pueden ser inductivas o deductivas. Una acción táctica inductiva es aquella en que aparece una utilización táctica de situaciones que admiten una solución. Una acción deductiva será aquella que surge de una innovación constante a partir de situaciones que admiten una solución.

DEFINICIONES

TÁCTICA

Es un arte de disponer y emplear a los jugadores de un equipo sobre el terreno.

"Es un arte de coordinar la acción de cinco jugadores"

"La táctica consiste en saber qué hacer cuando hay algo que hacer, y la estrategia es saber qué hacer cuando no hay nada que hacer. (Savielly Tartakover)

La táctica es un movimiento a corto plazo que permite tomar una posición, y estrategia forma en que se gana un juego"

ESTRATEGIA

Es la planificación y dirección de una táctica.

ESTRATEGIA EN DEPORTES DE EQUIPO

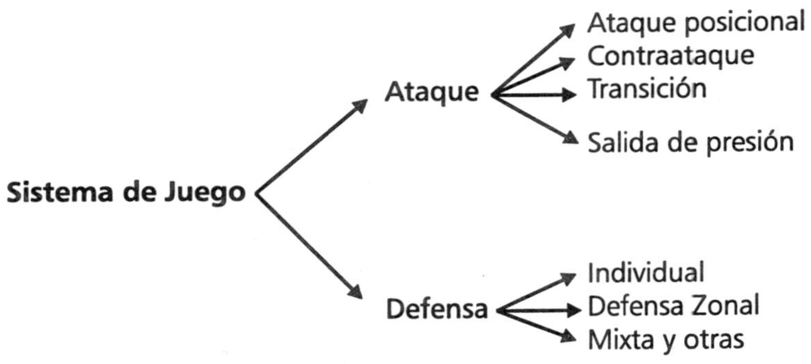

Sistema

Es la ubicación de los jugadores sobre el terreno y la fijación a cada uno de ellos de la misión a cumplir en el transcurso de un partido, tanto en su aspecto defensivo como ofensivo.

En el Fútbol de Salón moderno, y esto se hace cada día más evidente en el desarrollo de Torneos Nacionales e Internacionales, cada jugador tiene que defender y atacar, crear y finalizar, ya que a diferencia con el fútbol de cancha grande en donde estos factores van en relación directa con la ubicación en la cancha, en el Fútbol de Salón los jugadores deben estar en capacidad de desenvolverse en cualquiera de las posiciones de un equipo.

En el cumplimiento de un jugador en relación al trabajo táctico y estratégico, deben tener en cuenta las siguientes implicaciones:

a. Funciones y deberes específicos

b. Tener una clara y sólida "Mentalidad táctica"

c. Conocimiento y dominio de los principios generales de juego, tanto defensivos como ofensivos.

CONCEPTOS PARA LA ELABORACIÓN DE LOS SISTEMAS

a. Elegir en función de los jugadores de que se dispone

b. Continuidad

c. Coordinación en el tiempo

d. Esquema Base

e. Margen de error

f. Posiciones específicas y cambio de subroles

g. Número de sistemas

h. Equilibrio de opciones

i. Misiones dentro del sistema

j. Aprovechamiento de las opciones y variantes

k. Validez del sistema

	Técnica	Táctica	Estrategia
Caracterización	Ejecución	Adaptación	Planificación
El jugador se relaciona	Medios y Móviles	Adversario	Globalidad
Finalidad	Eficacia	Objetivo Parcial	Objetivo Principal
Tiempo	Coordinación	Instantáneo	Largo Medio Corto

LA ACCIÓN DE JUEGO

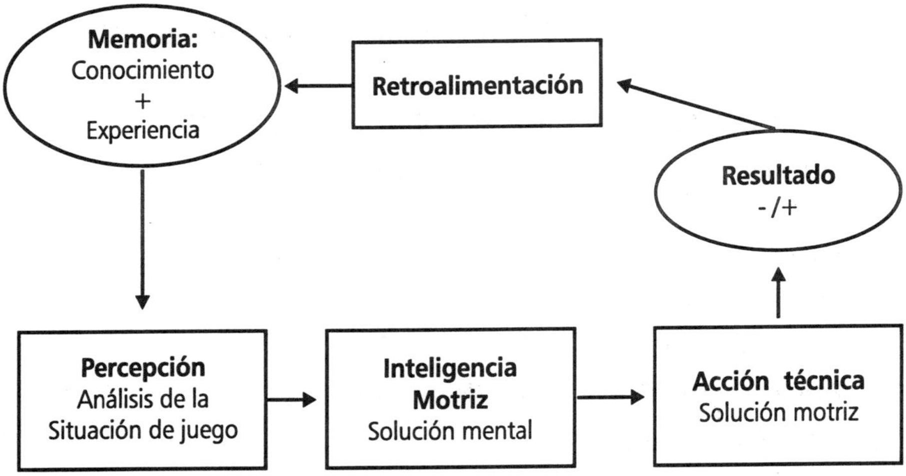

CONCEPTUALIZACIÓN

Está claro que la tendencia actual no es la de esquematizar sino la de dar libertad y trabajar con base al talento y aptitudes individuales de nuestros jugadores.

Cada persona, como cada jugador, son diferentes, y obviamente cada equipo tiene que serlo; así cada entrenador presenta una propuesta diferente, con sus ingredientes específicos, razón pos la cual no debemos seguir copiando jugadas para llevarlas ciegamente a los diferentes equipos.

El trabajo que se realice debe orientarse al aprovechamiento de las cualidades de nuestros jugadores, en el cual todos manejen el mismo idioma y entiendan la idea del grupo, la cual nos lleva a la conclusión del por qué del éxito de una propuesta basada en el manejo de conceptos en el campo de juego.

Veamos a continuación algunos de los conceptos empleados en nuestro trabajo diario:

Apoyo: Respaldo inmediato a la acción de uno o varios compañeros, tanto en defensa como en ataque

Ayuda: Serie de acciones realizadas para ampliar posibilidades.

Equilibrio: Base fundamental en toda propuesta de juego que maneja la relación defensa - ataque.

Rotación: Desplazamiento con sentido, con intención de favorecer la acción del poseedor del balón, la cual se efectúa con o sin balón.

Pausa: Controlar el balón para definir el ritmo y dirección de la siguiente acción, sin caer en exceso de lentitud lo que nos llevaría a perder el factor sorpresa.

Traslación: Transporte y manejo del balón, conducción y protección utilizada en ciertas zonas del campo de no compromiso.

Agrandar: Ampliar espacios para efectos de ataque y defensa, en lateral o profundidad.

Líneas: Ubicación imaginaria de líneas en el campo, marcadas por las posiciones de los jugadores.

Reducción: Efecto de ir por el balón, ajustar la marca con agresividad, se efectúa sobre el balón (achicar) y en el espacio.

Parar Líneas: Asignar la ubicación a los jugadores dentro de la cancha, en una zona determinada.

Romper Líneas: Eludir la marca de la respectiva línea.

Espacios: Diferentes sectores de la cancha para ocupar por los jugadores.

Tiempos: División del partido en períodos y ritmos.

Zonas: Distribución imaginaria de la cancha, las cuales pueden ser Libres (no ocupación de adversarios y hacia los cuales se debe jugar) y muertas (ocupadas por adversarios y de alto riesgo para jugar en ellas).

Respaldo de líneas: Una línea siempre juega con relación a la siguiente para brindarle los apoyos necesarios.

Agresividad: Actitud y disposición mental y física adoptada en las diferentes situaciones de juego.

Medición lateral: Se marca de lado y se "palpa" la posición del adversario, disposición para anticipar.

Cambio de ritmo: Pasar sorpresivamente de una velocidad a otra.

Cambio de dirección: Pasar sorpresivamente de una dirección a otra.

Sectorización: División del campo en zonas de referencia para funciones defensivas y ofensivas.

Estos conceptos deben ser manejados con la suficiente claridad por todos los jugadores del equipo, conociendo muy bien su importancia, aplicabilidad y manejo espacio – temporal.

Veamos algunas situaciones de juego tanto defensivas como ofensivas, a tener en cuenta para un buen logro de la propuesta.

- Cuando alguien esté en posesión del balón, los demás jugadores efectúan ayudas, distracciones, cambios de dirección para crear espacios y posibilitar la traslación en profundidad.
- El Fútbol de Salón moderno exige jugar a tocar y lanzar, es decir, pasar y acompañar la acción colectiva.
- Hay que poner la táctica al servicio del talento, darle libertad al jugador para que desequilibre.
- Se agranda para atacar, reducir para defender.
- Siempre que el pivot va a presionar cerca al arco contrario, los otros jugadores hacen apoyo cerrando el centro con referencia del jugador y reducción de espacios.
- Marcar con base en líneas, balancearlas y respaldarlas siempre la una con la otra, donde cada uno maneje sus funciones.
- La posesión del balón hay que cuidarla siempre, para no estar siempre en función de recuperación del mismo, lo cual desgasta más al equipo.
- En el trabajo de fundamentación técnica individual del jugador, de Fútbol de Salón actual, hay que hacer énfasis en la definición con manejo especial de la métrica y direccionalidad.
- Se pueden mecanizar situaciones de ataque, pero no debemos privar al jugador de que maneje su talento.
- Cuando quitemos el balón, los demás jugadores hacen distracción y búsqueda de espacios para que éste traslade y lance.

- Después de romper la primera línea defensiva, ante la reducción de la segunda, no romperla haciendo la individual, sino creando superioridad numérica en el 2 – 1.
- Los jugadores deben aprender conceptos antes que mecanizar.
- Los jugadores deben tener claro en qué zona, espacio y tiempo se debe ser agresivo y dónde se debe arriesgar.
- El técnico siempre debe manejar una estrategia correcta con relación al manejo de situaciones como dimensiones del campo de juego, clima, afición, etc.
- En defensa cuando quedamos en inferioridad numérica se debe agrandar para reducir la posibilidad de que nos hagan superioridad numérica en nuestra zona.

CARACTERÍSTICAS DE UN BUEN SISTEMA DE JUEGO

SENCILLO

Un sistema de juego debe ser fácilmente entendible por parte de los integrantes del equipo ya que de lo contrario creará una gran "confusión mental" entre nuestros jugadores con las consecuencias negativas del caso.

PRÁCTICO

Todas las maniobras defensivas u ofensivas entrenadas deben llevarnos siempre a alcanzar dos objetivos básicos: efectuarlas sin confusión y obtener el triunfo para nuestro equipo.

ELÁSTICO

El jugador debe cumplir con los preceptos tácticos elaborados por el técnico, pero al mismo tiempo debe adaptarse a las circunstancias del partido, para entrar a relevar funciones de sus compañeros y a la vez efectuar acciones individuales en beneficio del grupo.

EQUILIBRADO

El equipo debe marcar de tal forma que no solo evite la llegada del rival sino también crear oportunidades rápidas de gol al "robar" el balón; y atacar de tal forma que rompa la defensa contraria y al mismo tiempo en caso de perder el balón adoptar posiciones defensivas rápidamente para impedir la llegada del contrario.

FUNCIONAL

El sistema debe explotar las máximas capacidades de nuestros jugadores y las debilidades de nuestros oponentes.

POSICIONES TÁCTICAS EN EL FÚTBOL DE SALÓN Y SUS PRINCIPALES CARACTERÍSTICAS

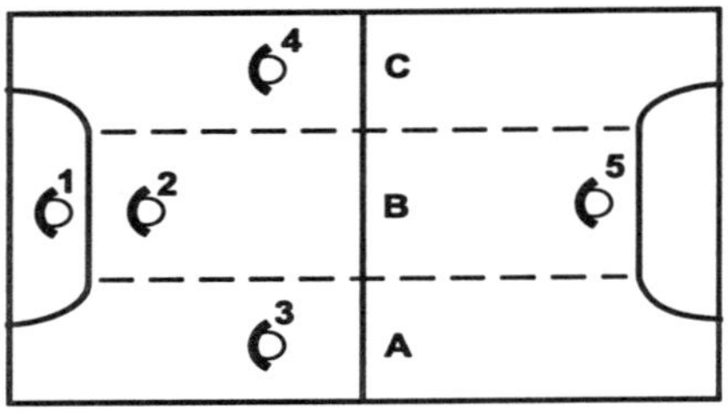

A y C: Zonas Laterales C: Zona Central

Nº 1 Portero:

Normalíneo (1.70 – 1.78 – m).

Ágil – elástico – gran capacidad de lanzamiento – arrojado – de gran liderazgo en el campo – buen pasador – de gran temperamento y de gran visión periférica.

Nº 2 Líbero o poste:

Longotipo (1.75 – 1.85 – m) o braquitipos.

Fuerte – de gran potencia física – ambidiestro – rápido – ágil – anticipador – de gran pegada – de gran temperamento – buen pasador de balón.

Nº 3 y 4 Laterales o Aleros:

Normolíneos (1.70 – 1.78 – m).

Ágiles – rápidos física y mentalmente – de gran resistencia física – buena pegada – buenos pasadores de balón – alta capacidad técnica – gran espíritu de sacrificio.

Nº 5 Poste o Pivot:

Longotipo (1.75 – 1.85 m) o braquitipos.

Rápido – ágil – ambidiestro – fuerte – de gran potencia física – buen pasador de balón – gran poder de recuperación – mentalmente muy rápido – gran capacidad de "aguantar" la marca del adversario – gran pegada.

LA DEFENSA

A través del desarrollo del Fútbol de Salón a nivel Mundial, se ha observado una evolución cronológica en cuanto a tipos o variedades de defensa empleados por los diferentes equipos y/o selecciones.

De una manera general podemos efectuar el siguiente resumen de las variantes cronológicas y su pérdida de vigencia en cuanto a la marca se refiere.

DEFENSA ZONAL 2 – 2: SISTEMA DEL CUADRADO:

Se empleó hasta 1971 y 1973, se dividía imaginariamente el campo de juego con una línea de arco a arco, quedando dividido el mismo en cuatro zonas rectangulares, cada una de las cuales era responsabilidad de cada uno de los jugadores del equipo.

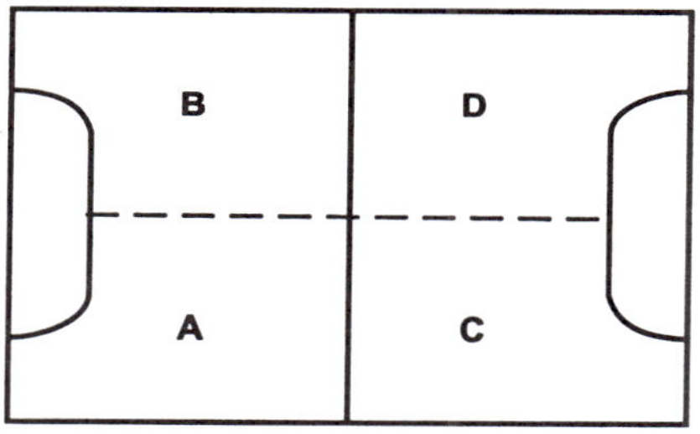

Este sistema defensivo fue fácilmente contrarrestado, especialmente creando superioridad numérica, por parte de los atacantes, en uno de los laterales del campo y con cambios de dirección. A manera de ejemplo anotamos la siguiente salida ofensiva para atacar esta marcación.

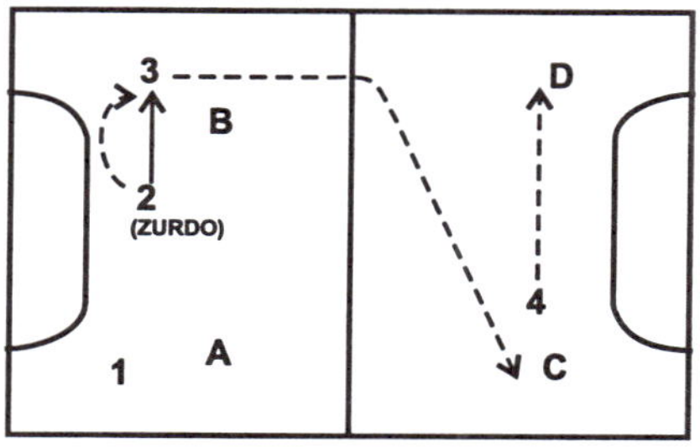

DEFENSA ZONAL 1 – 2 – 1: MARCA EN ROMBO:

Este tipo de marcación imperó más o menos en 1976.

La ubicación de un pívot en la posición más avanzada de la defensa, de 2 laterales encargados de marcar a los contrarios que llegasen a sus respectivas zonas y un poste o último hombre responsable de cubrir las espaldas a sus compañeros, eran las características de este sistema defensivo.

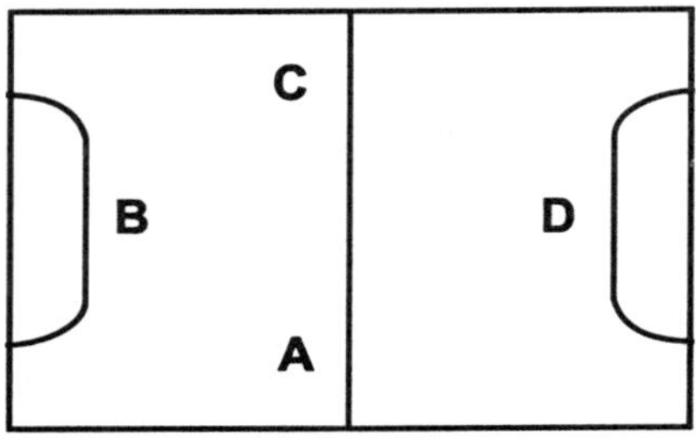

Este sistema es aún empleado por algunos equipos sobre todo a nivel Nacional, y es contrarrestado fundamentalmente con base a colocar en la salida jugadores con "perfil contrario" y salida por la espalda del compañero, tal como lo muestra la siguiente figura:

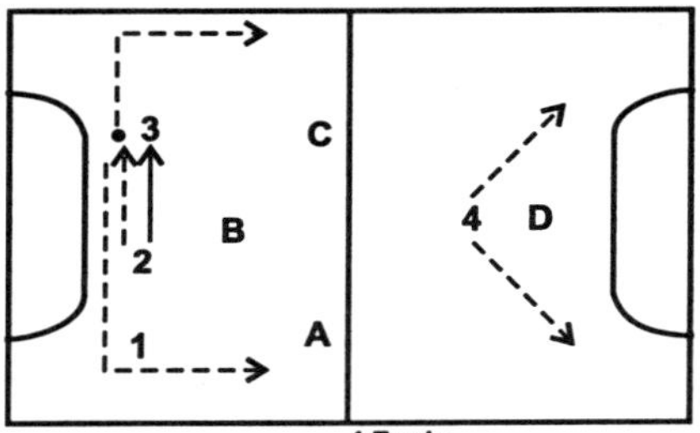

DEFENSA ZONAL 2 – 1 – 1: MARCA DE EMBUDO:

Este tipo de marcación apareció en 1976 en el suramericano celebrado en el Uruguay y fue aplicado por el Brasil tratando de contrarrestar a los equipos que jugaban con base a los movimientos anteriores para atacar una defensa de rombo (1 – 2 – 1).

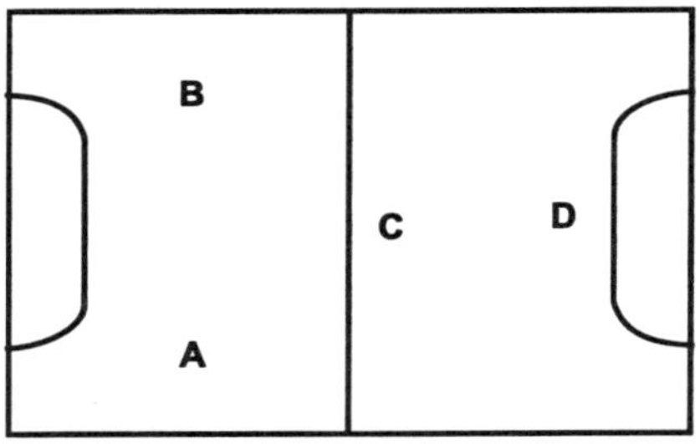

En el mencionado Torneo Suramericano, Brasil ganó difícilmente el mismo, ya que este sistema defensivo fue superado con base a maniobras ofensivas basadas en movilidad permanente y salidas por mitad de campo, tal como lo muestra la siguiente figura:

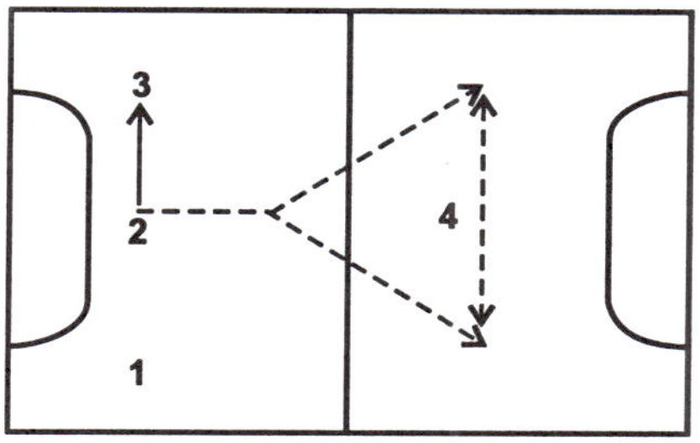

LA DEFENSA INDIVIDUAL

En el Fútbol de Salón Moderno se utiliza la marcación Hombre a Hombre, la cual se debe manejar teniendo en cuenta varios criterios (características individuales de nuestro equipo y del contrario – dimensiones del campo – tipo de sistema ofensivo del adversario – condiciones medio ambientales – etc.), para definir la zona de campo en donde se iniciará la defensa.

CONCEPTOS GENERALES

Para hacer que el juego se destaque a su favor el defensa obligará al adversario a reducir su campo de actuación. El atacante siempre posee la iniciativa pero, el defensa marca los límites a los que éste deberá circunscribirse.

Si el campo de juego fuera un tapiz, las defensas se esforzarían en enrollarlo para obligar a los atacantes a jugar en el terreno cada vez más reducido.

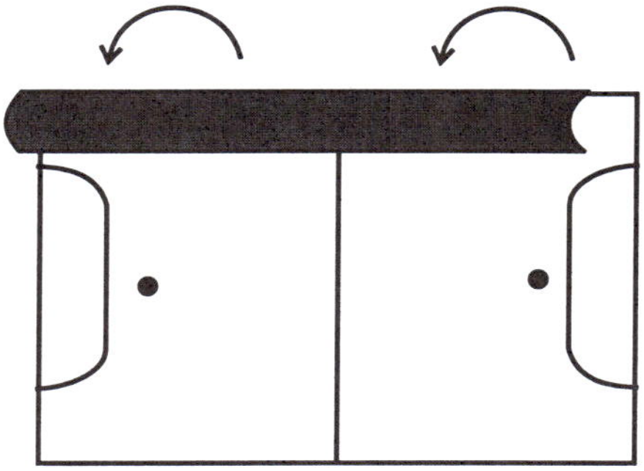

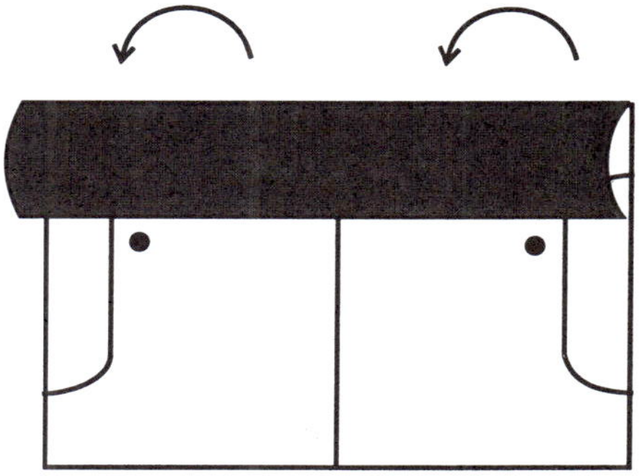

FILOSOFÍA DEFENSIVA

Cada vez se hace más imprescindible el que se dé una mayor importancia a la defensa. Qué duda cabe que la base de un buen ataque es la buena defensa. Comenzando por lograr que el contrario no obtenga una buena posición de remate o que pierda el balón y que, por tanto, logremos una posesión rápida del mismo para proceder a un contra-ataque fulgurante, que nos permita lograr un gol rápido.

Esto, que parece fácil a primera vista, se centra en un trabajo exhaustivo lleno de entrega y sacrificio.

Al jugador se le ha de inculcar o debe de conseguir unas virtudes que a continuación relaciono:

- Mentalidad defensiva
- Espíritu de sacrificio
- Voluntad
- Potencia
- Fundamentos
- Espíritu de equipo.

La "Mentalidad defensiva" se consigue gracias a la motivación que el entrenador dé al jugador, al reconocer y ensalzar siempre los éxitos que generalmente ni público ni prensa le van a otorgar. El "Espíritu de sacrificio" es una cualidad innata y que ha de valorarse a la hora de elegir a nuestros jugadores. La "Voluntad" representa otra cualidad que también nos lleva a alcanzar metas casi inaccesibles desde el punto de vista defensivo. La "Potencia" por medio de un trabajo físico – técnico individual y de todo el equipo es una cualidad a conseguir, pero, por supuesto, se basa en los dos anteriores.

Los "Fundamentos" es, al igual que en el ataque, la base de la táctica defensiva. No se puede pretender efectuar diferentes tipos de defensa sin unos buenos fundamentos defensivos. La táctica defensiva sobra si el equipo es incapaz de poseer estas cualidades antes dichas. Hay una frase que definiría, y que es un principio moral, lo que es el "Espíritu de equipo": ayuda a todo el mundo, sin esperar que nadie te ayude a ti.

Hay qué decir a todos los jugadores: Cuando el contrario nos anota un gol, está metiéndolo todo el equipo, nos está empezando a ganar el partido. Generalmente cuando un solo jugador falla, falla toda la defensa.

Los Fundamentos defensivos, son más fáciles que los ofensivos aunque en estos, y en general en todo el juego del fútbol de salón, se ha de jugar con los pies y con la cabeza.

Piernas rápidas, centro de gravedad bajo, mirada alta, piernas más abiertas que hombros, pasos cortos y rápidos, valentía para no eludir el choque, no cruzar los pies, buena utilización de las extremidades superiores, no permitir el robo del balón, tocar convenientemente, ser duros y limpios, no permitir penetraciones hacia el arco, no desmayar, no darse por vencidos, luchar contra la fatiga y contra unos mismo. En defensa nunca se retrocede, excepto en inferioridad numérica, se lucha por la posición y por el balón.

Insisto una vez más, la base del juego táctico son los buenos fundamentos. Es preferible tener unos buenos fundamentos a conocer la mejor táctica del mundo, esta resulta mala si el equipo no posee base física y grandes fundamentos defensivos individuales.

ÁREAS DE IMPORTANCIA DEFENSIVA

En la defensa individual de equipo estableceremos el principio de que no queremos que el balón progrese hacia el arco. Según la siguiente figura, vemos que en la zona M el balón circulará con menor peligro, con cierta atención por si hay buenos rematadores de larga distancia. En la zona S es lugar de mayor peligro, mayor proximidad al arco y también mejor posibilidad de pase a la zona P. En el área P no queremos que llegue el balón, pues es el lugar que frecuenta el pívot y generalmente representa la zona de definición más frecuente en este deporte.

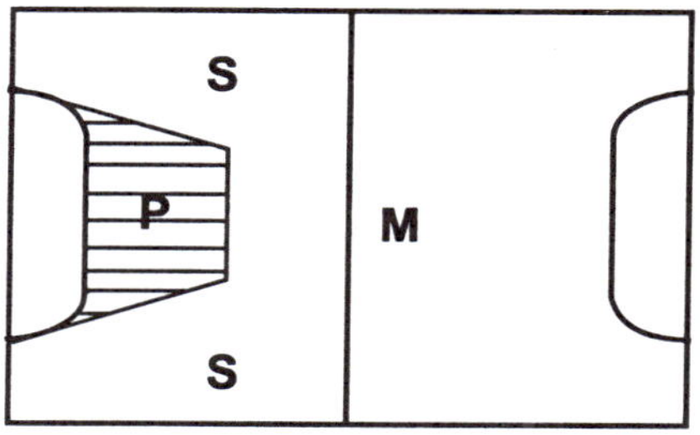

Para una mejor comprensión de parte de nuestro jugador en las tareas de defensa, establecemos las siguientes áreas y líneas defensivas:

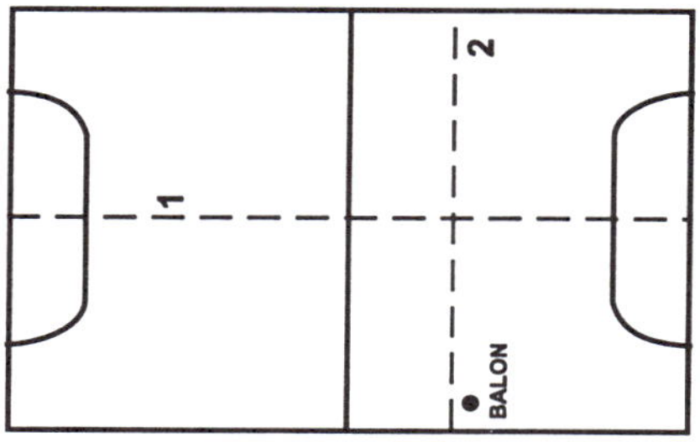

1 = línea de cobertura
2 = línea de balón

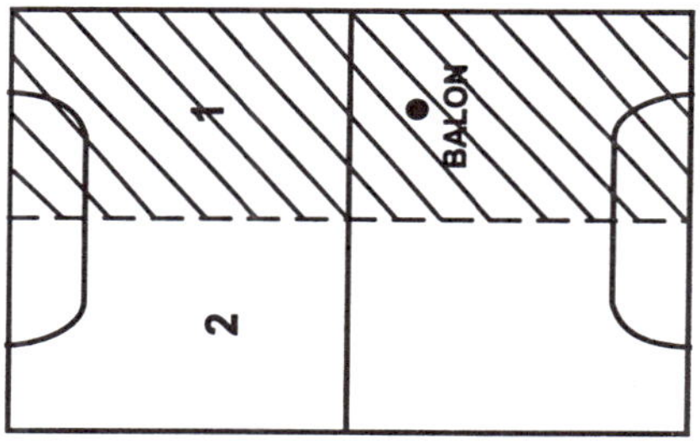

1 = lado fuerte o de presión
2 = lado débil o de ayuda

El Lado fuerte se define como el medio campo donde se encuentra el balón (zona rayada figura B). El otro medio campo se denomina lado débil. En el lado fuerte ejerceremos una presión fuerte sobre el balón, evitando que progrese hacia el arco, contando, pues, con la ayuda de defensores del lado débil.

Lo más importante es conseguir que el balón no esté en el centro de ataque, pues no tendremos definido lado fuerte y débil.

En los trabajos de campo para el aprendizaje de esta técnica defensiva, como todo trabajo en el fútbol de salón, comenzaremos por las situaciones de 1 X 1, 2 X 2, 3 X 3, y 4 X 4. Definiremos defensa a los hombres del lado fuerte con o sin balón y defensa a los hombres del lado débil.

Como en un ataque los atacantes no estarán quietos para coger sus posiciones, en todas las situaciones ha de funcionar la responsabilidad individual y las ayudas del resto del equipo.

Hay que tener en cuenta:

- Defensa a los cortes o puerta atrás
- Defensa a las penetraciones
- Defensa a los bloqueos directos
- Defensa especial sobre el pívot
- Defensa del rebote
- Defensa a los bloqueos indirectos.

Tengamos en cuenta que todas las penetraciones se defienden con hombres del perímetro, o sea, se ayuda efectuando cambios de marca, entre el pívot y los laterales, evitando que lo haga el pívot. El jugador que ayuda "siempre" recupera a su hombre inmediatamente.

En el caso de los bloqueos, los cuales pueden ser "ciegos" o "laterales", hay dos posibilidades para salvarlos: el cambio o el pasar por encima y la ayuda. En ambos casos el defensor del jugador que bloquea avisará al compañero, indicándole cómo va a ser bloqueado.

CONSIDERACIONES GENERALES

¿Qué nos lleva a emplear una defensa individual en medio campo, tres cuartos o presión en todo el campo?

- Para cambiar el signo de un partido, cuando se va perdiendo o ganando por poco.
- Factor sorpresa.
- Cuando el contrario nos supera en estatura.
- Para sacar a nuestro equipo del letargo.

Queremos que el contrario se precipite, cometa errores y nos permita mayor número de posesiones. Necesitamos mayor trabajo para defender al dribleador 1 X 1, conceptos de defensa a cortes y ayudas y la premisa fundamental de que el balón "no rebase a la defensa". Como cuestión fundamental no permitiremos que el balón coja el centro.

Los hombres en posición de ayuda se ubicarán con relación a las líneas de pase, los cortes hacia el centro se anticiparán. Cuando enfrentemos el 1 X 1, ordenar el regreso defensivo con una "diagonal hacia adentro" del defensor más próximo o hacer el 2 X 1 o el "salto y cambio".

Pensar que bajo presión el atacante tiene solo tres líneas de pase posibles: primero ayuda de un segundo hombre y después las tres líneas de pase a prever una vez metido en el "trampeo". Por dicho motivo es de vital importancia el que el balón no esté ubicado en el centro del ataque.

Todos los conceptos anteriormente explicados, tienen como finalidad primordial el de llevar a los técnicos de fútbol de salón a investigar y trabajar a diario en el aspecto táctico defensivo, con el fin de modernizar nuestro trabajo en este fundamento.

La aplicación de principios es mínima, el aspecto estratégico y táctico no ha sido lo suficientemente explotado, porque es habitual que las defensas en el fútbol de salón jueguen a una o dos cosas en todo un torneo o a lo largo del año y a rivales diferentes en características físicas, técnicas, tácticas e intelectuales. Las defensas actúan igual, sin ninguna variante significativa: ello simplemente significa comodidad y estancamiento.

Por otra parte las defensas en general "siguen" a los ataques, no buscan la posibilidad de crearles problemas, de obligarles a variar el ritmo de juego, de achicarle los espacios, de aplicar varias defensas en el mismo partido.

CONCEPTOS DEFENSIVOS

Estos conceptos sirven para hacer más comprensible para los jugadores, la enseñanza y el aprendizaje de la marcación, la mayoría de ellas breves y de índole técnica que conviene recordar.

1. Concepto de "atacar" al ataque:

Durante muchos años la defensa individual, consistió básicamente en "seguir" a los atacantes donde éstos fueran, tratando de mantenerse entre del arco y el atacante. Actualmente esto ya no sirve. Hoy día la defensa debe "atacar" al ataque. La defensa debe tratar de lograr algunos objetivos frente al ataque, como los siguientes:

a. Llevarlos hacia un lugar o sector de la cancha previamente determinado por el entrenador
b. Obligarlos a efectuar movimientos no preparados ni planificados
c. Obligarlos a cambiar de ritmo
d. Obligarlos a efectuar pases apresurados o defectuosos
e. Obligarlos a usar su pierna menos hábil o fuerte
f. Obligarlos a dar la espalda a su ataque y a sus compañeros
g. Obligarlos a jugar en un espacio reducido
h. Taparles las posibles "líneas de pase".

Estos ocho puntos son básicos en este concepto y deberán estar siempre presentes en la mente y ánimo de los jugadores y constituirán para ellos una especie de reglas a las que habrá que ceñirse cada vez que enfrenten a un adversario.

2. Cuando atacamos debemos pensar en la defensa

Los jugadores deben estar concentrados absolutamente en la cancha, de manera que cuando estén atacando deben estar pensando en la defensa. Así, al perder el balón deben pasar a ser defensas en forma inmediata y ello significa presionar inmediatamente al hombre que tiene el balón en su poder.

En otras palabras no debe producirse esa pausa entre ataque y defensa que ocurre generalmente donde la defensa primero vuelve a sus posiciones y después marca, brindándole al ataque contrario la oportunidad y tiempo para organizar su ofensiva. Por este motivo, recalcamos que la idea central de este concepto básico es marcar apenas perdamos el balón sin perder un solo segundo.

3. Forzar el balón

Otra de las "obligaciones" de la defensa es forzar el balón permanentemente: los ataques habitualmente tienen sectores o lados de la cancha donde se sienten más seguros y cómodos generando allí la mayoría de sus acciones defensivas.

De preferencia diremos que es más conveniente forzar el balón hacia uno de los laterales del cuerpo y debemos evitar al máximo que el ataque mantenga el balón por el centro.

El atacante que transita con el balón por el centro de la cancha tiene mayor espacio para desplazarse y posibilidades de pasar el balón a la derecha o izquierda. En cambio cuando se le fuerza a jugar en un solo lateral, tiene un ángulo de pase solamente porque está limitado por la línea lateral. Además, su visión de juego y de sus compañeros es mucho más limitada y la distancia en que unos quedan de él junto a la aplicación de principios por parte de los defensas, hacen casi imposible intentar un pase para ellos.

En resumen, forzamos el balón con nuestra posición defensiva, con nuestra actitud agresiva y con nuestra disposición colectiva.

2. Cultura táctica

El hecho de aplicar varias defensas en un partido de fútbol de salón, significa que necesariamente los jugadores deberán desarrollar su cultura táctica de manera que, la puesta en práctica de estas defensas se realice en forma correcta. El desarrollo de la cultura táctica en la aplicación defensiva, se pone en práctica en base a:

a. Rapidez
b. Sorpresa
c. Eficiencia
d. Agresividad
e. Continuidad
f. Calidad.

Esta cultura táctica la irá desarrollando el entrenador tanto en charlas didácticas (pizarrón – cancha magnética) como en las prácticas de tal modo que se logre una completa asimilación y captación de parte de todos los jugadores. Esta enseñanza y variación defensiva será gradual para evitar confusión en el equipo.

Dando a conocer los lineamientos básicos de la acción defensiva a los jugadores, alcanzaremos una mayor comprensión y por ende una mejor ejecución práctica que es la meta final a la que aspiran todos los técnicos.

5. Comunicación

Es un aspecto no técnico pero fundamental en el aspecto defensivo. Los defensas deben comunicarse en el juego para animarse, indicar posiciones del rival, para hacer cambios de marca, etc. Los defensas en ningún caso pueden "ser silenciosos".

6. Agresividad

Para marcar correctamente al defensa debe tener un estado mental especial. Debe mostrarle al atacante una gran agresividad mental y física. El entrenador debe inculcar a sus jugadores una mentalidad de esfuerzo en la defensa demostrándoles a los rivales una disposición de lucha.

La agresividad de la cual acá hablamos no debe confundirse con golpear un rival, empujarlo, agarrarlo, provocarlo verbalmente o de hecho. La agresividad que proponemos es una actitud mental y se manifiesta en una acción física de esfuerzo, garra, de lucha, de deseo de ganar, de no claudicar ni entregarse nunca. La agresividad mental significará saber que en la defensa "no se debe descansar".

7. Estado físico

Para aplicar los sistemas defensivos propuestos al jugador debe estar preparado físicamente en un 100%. Por estos motivos la preparación física es cada vez más importante en el fútbol de salón actual; cada vez más científica, más y mejor planificado, programado y puesto en práctica por un especialista del área. El jugador, además, debe alimentarse acorde con esta exigencia de manera que su rendimiento vaya en aumento cada vez más.

PRINCIPIOS DEFENSIVOS

1. Ganar posición

Este principio consiste básicamente en que el defensa debe ocupar una posición dad en la cancha antes que el atacante cuando éste intenta dirigirse al arco.

Las líneas laterales y de fondo, definitivamente hablando, son muy importantes en el fútbol de salón. Debe evitarse el conocido "desborde" por alguna de ellas porque la ayuda defensiva es muy difícil, motivo por el cual el defensa debe colocarse sobre la línea obligando al rival a detener el drible, girar lo cual es perfecto para realizar un doblaje o bien, que se devuelva.

El defensa debe llegar primero sobre la línea y ganarle posición al atacante, colocándose de perfil a la línea con un pie sobre ella, las piernas separadas, cadera baja y dispuesto a soportar un choque si el atacante aún desea pasar por dicho sector.

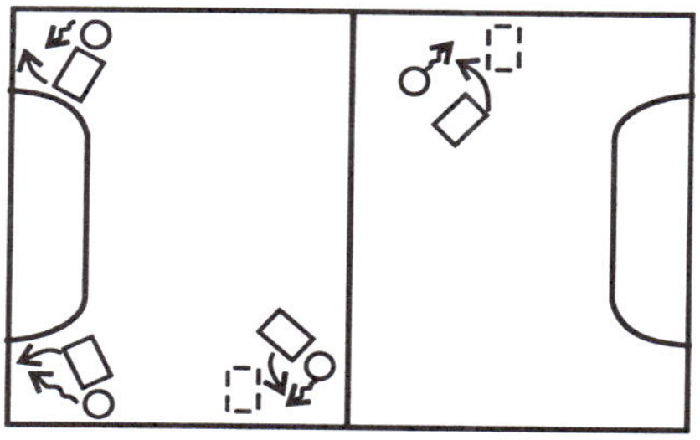

Marcación al dribleador:

Otra aplicación del principio de ganar posición se refiere a la marcación sobre el jugador que conduce el balón. En este caso, el defensa deberá en primer lugar impedir el avance del atacante; en segundo lugar deberá tratar que el atacante detenga el drible; y como tercera posibilidad llevarlo hacia una línea lateral para la posterior aplicación de otros principios defensivos.

Si el defensa enfrenta a un atacante que driblea con su pierna derecha, debe ubicarse frente a él, pero cargado hacia la pierna derecha del atacante, de manera que lo obligue a girar y usar la pierna izquierda, hipotéticamente menos hábil que la derecha. Si enfrentamos un atacante que usa la pierna izquierda, el defensa deberá ubicarse hacia el otro lado, esto es, cargado hacia la pierna izquierda del dribleador.

La posición del defensa debe ser agazapada, con su cadera lo más baja posible de mantener el centro de gravedad de su cuerpo bajo para poder movilizarse con rapidez.

En la siguiente figura se muestra la marcación practicada a un dribleador que usa la pierna derecha. Se ilustran 2 formas de ubicarse y en ambas se está cumpliendo el principio de ganar posición.

Junto a los aspectos técnicos ya explicados, el defensa deberá aplicar dos conceptos teóricos y psicológicos:

a. El deseo de dominar al atacante; y
b. Actuar agresivamente.

2. Principio de anticipación

Este principio es demasiado importante en la defensa moderna, variando con él los conceptos y la filosofía defensiva. Con este principio se comenzó a hablar de "atacar al ataque".

Consiste básicamente en la marcación agresiva que se practica sobre el atacante que no tiene el balón en su poder y que está en posición de recibir un pase, con el objeto de que no reciba el balón, o bien en caso de hacerlo que sea una posición desmejorada y en una ubicación no deseada. Para poner en práctica este principio, el defensa deberá ubicarse entre la posible trayectoria del pase y su atacante. Esta trayectoria del balón se denomina "línea de pase". El defensa deberá anticipar manteniendo la vista hacia el balón, mirando de "reojo" al adversario, manejando lo que se llama "visión periférica".

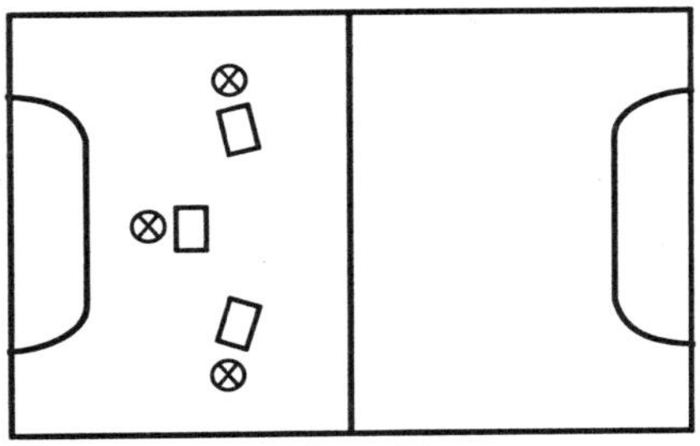

Figura A

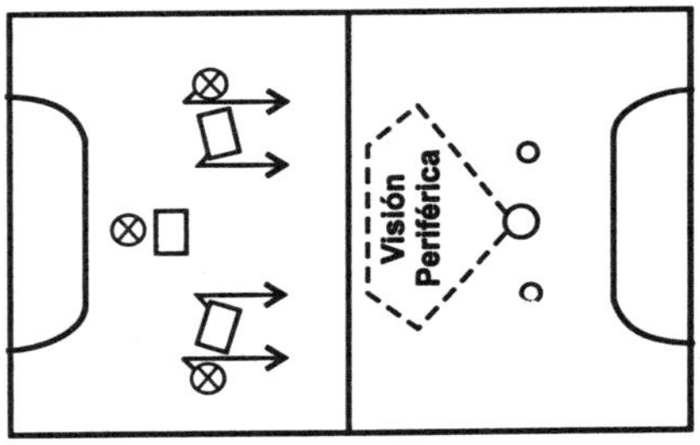

Figura B

La figura A nos muestra como mientras el atacante central tiene el balón, las dos defensas cercanas están anticipando a sus respectivos atacantes. En la figura B, se muestra el caso en que los atacantes intentan desmarcarse para ofrecer un buen ángulo de pase al jugador con balón. En este caso, ambos defensas se movilizan también pero manteniéndose siempre entre el balón y el adversario.

3. Principio de triangulación, flotación o cooperación

Este principio se basa en la aplicación de la "ley de los pasos": El defensa estará ubicado respecto a su atacante a tantos pasos como esté aquel del balón. Estos pasos en que se separa el defensa del atacante sin balón, deben ser hechos hacia la mitad de la cancha y hacia su propio arco.

En la siguiente figura se muestran los ejemplos de ubicación de los defensas en el principio acá explicado, mostrando con líneas punteadas los triángulos imaginarios que se forman con tres vértices. El defensa, el atacante y el balón.

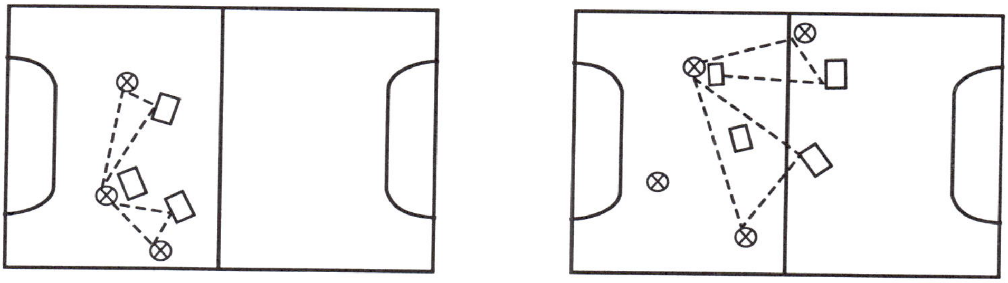

Este es uno de los tantos casos que nos demuestran que la defensa debe ser colectiva, de ayuda y de ahí el nombre de flotación: el defensa que ejerce marcación sobre el adversario que no posee el balón, flota respecto a su hombre; y significa cooperación, porque en el caso hipotético de ser sobrepasado o eludido un compañero, el defensa que flota estará más cerca y listo para acudir en su ayuda o para realizar un doblaje. El defensa cuando aplica éste principio, nunca debe dejar de mirar el balón, usando la visión periférica, de manera que de "reojo" observe a su atacante, el balón y el resto de sus compañeros y rivales.

4. Principio de ayuda y recuperación

Este principio nos muestra otra de las acciones colectivas de la defensa, explicando de manera clara la acción colectiva que ejecuta la defensa para obstruir la labor ofensiva del rival.

El principio de ayuda y recuperación, como lo indica su nombre, consiste en acercarse al compañero que está frente al atacante con balón con la intensión de auxiliar. Este auxilio puede ser una cobertura, un doblaje o bien mostrarle "un campo cerrado" al atacante en caso de que éste intente una penetración luego de eludir al primer defensor.

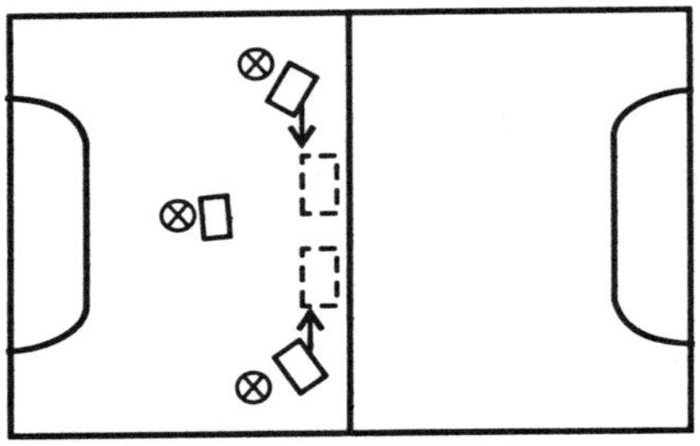

Figura A

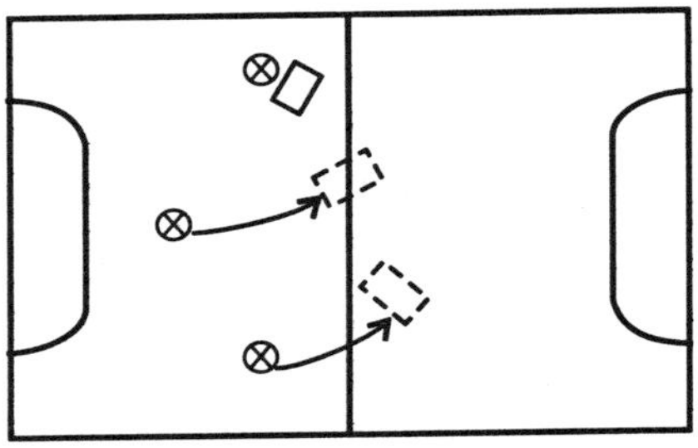

Figura B

La anterior figura muestra el principio: En la figura A el atacante que se muestra en el centro con el balón, recibe la marca de su respectivo defensa, mientras que los dos compañeros de éste se acercan hacia su compañero, colocándose en triangulación respecto a sus propios atacantes (cuadros punteados). En la figura B, se observa que el atacante juega el balón hacia un costado, entonces los defensas se recuperan, el defensa correspondiente retoma a su hombre y los defensas restantes ahora ayudan, manteniéndose siempre en triangulación. Si el atacante con balón sobrepasa al defensor, uno de los que ayudan debe auxiliarlo inmediatamente mientras que el defensa eludido se recupera. Debe ayudar siempre al eludido el defensa que se encuentre más cercano a éste.

5. Principio de doblaje

En una situación defensiva en que dos defensas cercan a un atacante que tiene el balón en su poder, ya sea estando detenido, dribleando o comenzando otro drible.

Los objetivos de un doblaje son bien claros:

a. Que el atacante se dirija hacia una línea lateral o a una esquina de la cancha
b. Que detenga el drible
c. Que el atacante retroceda
d. Que dé la espalda a su ataque
e. Que el atacante realice un pase apresurado
f. Para quitarle el balón al dribleador
g. Para detener o demorar el ataque adversario.

Para que un doblaje sea bien realizado, requiere de los defensas:

- Mantenerse juntos (las 2 defensas "dobleadores"
- Actuar agresivamente
- Actuar rápidamente
- Actuar sorpresivamente
- Uno se encarga de detener el drible y el otro de robar el balón cuando la ocasión se presenta propicia.

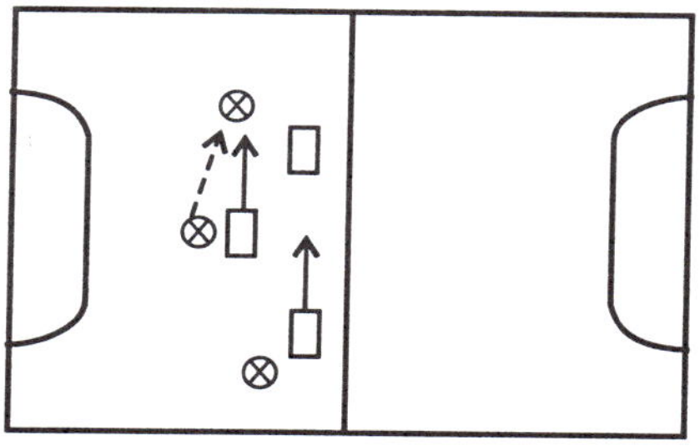

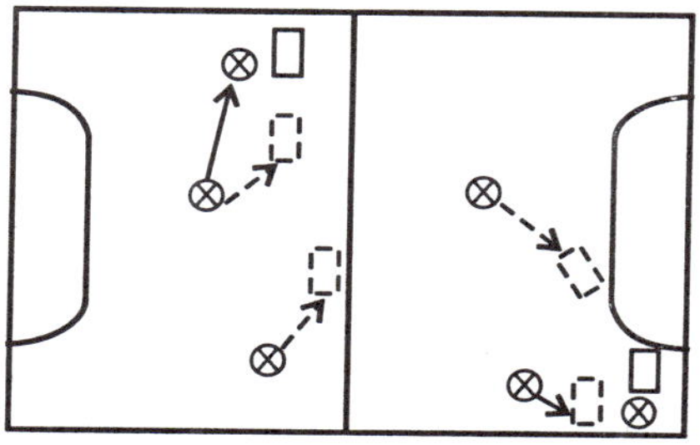

En la anterior figura observamos tres ejemplos de doblajes en diferentes zonas del campo. Es muy importante observar la tarea defensiva desarrollada por el tercer defensa quien además de aplicar el principio de "flotación" está aplicando también el de "ayuda y recuperación", demostrando que los principios defensivos son "integrados", o sea, que la defensa hace aplicación de todos los principios en una sola acción.

Indudablemente en los sectores sobre las líneas y las esquinas son los más precisos para efectuar los doblajes, tal como lo muestra la figura. Las líneas son las principales aliados de los defensas y en el caso de las esquinas, el atacante se ve marcado por 4 defensas: Las 2 líneas y los 2 defensas. El defensa que actúa cerca de la línea, debe colocar un pie sobre ella, de manera de obstruir totalmente la pasada por allí al atacante. El "doblador" se coloca junta a él y contacta uno de sus pies con el de su compañero y encierran al atacante mediante la figura de una "V".

Mientras los dos jugadores defensas aplican un doblaje, los demás defensas deben estar ubicados de acuerdo al concepto de lado fuerte y lado débil del ataque, o sea, que unos estarán anticipando y otros flotando o triangulando según el lado donde se encuentre el balón.

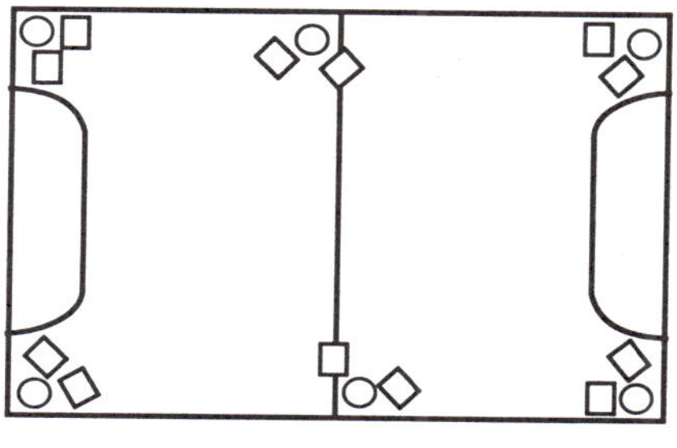

6. Principio de cobertura

Con este principio hacemos énfasis nuevamente en un aspecto ya explicado: La defensa debe ser colectiva y debe existir ayuda constante.

Cobertura significa cubrir, tapar (proviene del término inglés cover up). En este caso es cubrir un espacio que dejó un defensa al ser eliminado por su atacante, tapando dicho espacio al defensa inmediatamente más cercano a él.

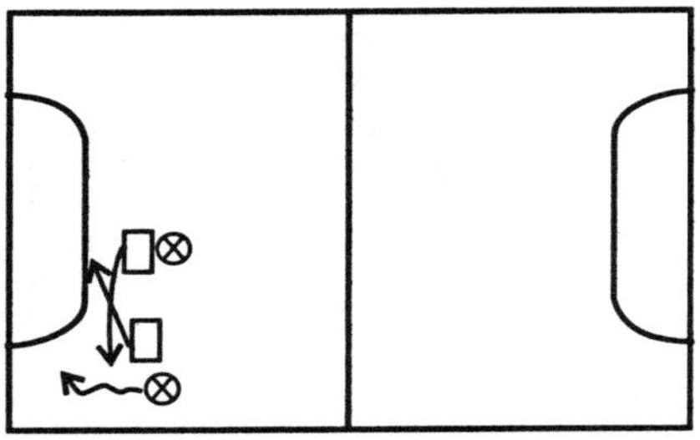

Figura A

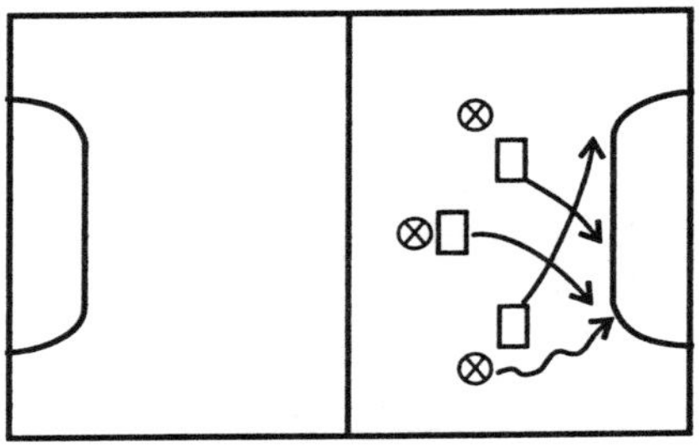

Figura B

Las anteriores figuras nos muestran dos ejemplos de casos de cobertura en diferentes zonas y situaciones en un partido, en el caso A es el trabajo entre dos defensas; en el caso B participan tres defensas en la aplicación del principio de cobertura.

El principio de cobertura tiene una gran importancia en el trabajo defensivo de un equipo, motivo por el cual debe ser practicado constantemente por el entrenador, motivando a sus jugadores de tal manera que estos lo realicen con velocidad, eficiencia y sorpresa.

En este principio se enfatiza que el jugador inmediatamente cercano debe ayudar al eludido, pero además, las otras defensas participan en la respuesta defensiva aplicando los otros principios defensivos ya explicados.

7. Principio de presión

Es un conjunto de conceptos que el defensa debe usar para enfrentar con éxito el ataque rival, y a diferencia de los anteriores principios no es en sí un fundamento técnico especial, sino que es un resumen de todos los conceptos defensivos.

El conjunto de conceptos que resume el principio de presión, son los siguientes:

a. Anticipar

b. Tomar la iniciativa

c. Actuar con agresividad

d. Doblar

e. Ayudar y recuperar

f. Presionar al hombre con balón

g. Ganar posición

h. Jugar por detrás de la línea del balón

i. Hablar y animar constantemente el equipo.

Este principio debe estar presente en todos los tipos o modalidades defensivos en forma permanente y por todos los jugadores.

Con la aplicación de todos estos principios, los jugadores observarán que la defensa se hace más fácil, que a los adversarios les cuesta cada vez más superarlos. Para la enseñanza, capacitación, corrección y aplicación de ellos hay que efectuar mucho trabajo de campo (repeticiones), hasta que el entrenador observe que ellos se realizan colectivamente con rapidez, agresividad, fluidez, y que dan el resultado buscado.

Con estas explicaciones buscamos cambiar la opinión sobre el aspecto feo y cansador de la defensa.

Espero que comprendan que es necesario sacrificarse en la marca, sacrificio que tendrá más recompensas que antes y algo todavía más importante: Tendrán el balón en su poder mucho más tiempo porque la recuperación más veces que antes.

A la par de la aplicación de los anteriores principios, el jugador no podrá olvidar nunca que en la realización de un partido (tanto en defensa como ataque), deberá manejar perfectamente los dos factores claves del juego: Concentración y ritmo.

EL ABC DE LA DEFENSA

"Los Siempre"

- Siempre gane las líneas laterales y de fondo al ataque
- Siempre obligue al atacante a usar su pierna inhábil
- Siempre anticipe los pases jugando con la intención del contrario
- Siempre ayude al compañero eludido
- Siempre robe el balón
- Siempre gane la posición al adversario
- Siempre dispute los remates al atacante
- Siempre recupérese rápidamente
- Siempre apriete en las fintas del adversario
- Siempre lleve al atacante a las líneas laterales y de fondo
- Siempre actúe agresivamente en defensa
- Siempre referencie balón – jugador
- Siempre hable y ordene en la defensa
- Siempre doble cuando sea necesario
- Siempre triangule y flote cuando su hombre no tenga el balón
- Siempre juegue con base a la línea imaginaria central. (lado fuerte y lado débil)
- Siempre esté concentrado en defensa
- Siempre mantenga el orden defensivo
- Siempre maneje agrupamiento defensivo
- Siempre obligue a su hombre a efectuar pases apresurados o defectuosos.

"Los Nunca"

- Nunca deje de mirar el balón
- Nunca deje de ser agresivo en defensa
- Nunca salga caminando cuando va a reducir o ajustar
- Nunca deje de ayudar
- Nunca deje pasar a un atacante por las líneas laterales o de fondo
- Nunca deje de hablar y animar a sus compañeros
- Nunca deje de driblear sin marcación
- Nunca vuelva a la defensa dando la espalda al balón
- Nunca deje rematar o cabecear solo al atacante
- Nunca deje de jugar con la intención del contrario
- Nunca deje de doblar en la defensa
- Nunca de la espalda su hombre
- Nunca deje de flotar o triangular
- Nunca permita que su atacante lo anticipe o sorprenda
- Nunca permita que su atacante lo anticipe o sorprenda
- Nunca haga falta a un adversario que esté de espaldas al arco
- Nunca cruce las piernas frente a un dribleador
- Nunca deje de jugar en serio los 40 minutos
- Nunca deje de aplicar los principios defensivos
- Nunca se pare, cuando retroceda en inferioridad numérica, en el terreno donde el defensa es menos fuerte, superando psicológicamente al adversario.

EJERCICIOS PARA LA ENSEÑANZA Y PRÁCTICA DE LOS PRINCIPIOS DEFENSIVOS

Ejercicio para el principio de ganar posición

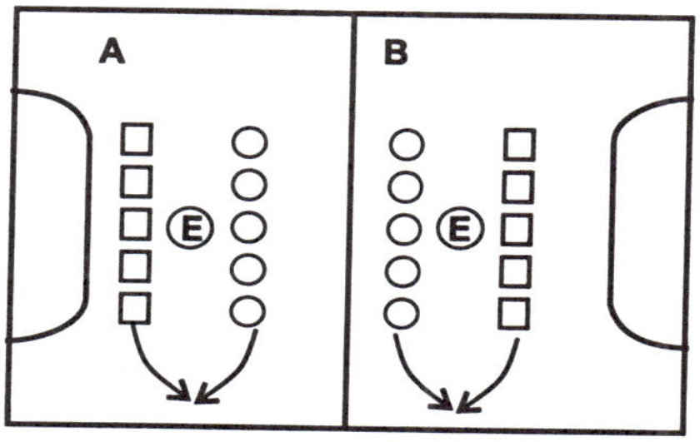

La figura nos muestra dos formas de realizar el ejercicio para enseñar y practicar este ejercicio.

En el primer caso, letra A, se trabaja sin balón. Dos filas de jugadores frente a frente, una de defensas y otra de atacantes.

A una orden del entrenador (E), corren hacia el lateral; el atacante con el fin de pasar y el defensa para tratar de ganar posición sobre la línea lateral; luego cambian de posición y funciones.

La letra B, muestra el mismo ejercicio, ahora ejecutado con balón. Como un ejercicio de énfasis defensivo, en entrenador ordenará a los atacantes realizar el drible los más lento posible, para lograr una mecanización y efectividad en los defensas. Luego de varias ejecuciones, se irá aumentando la velocidad del drible hasta hacerlo en una total realidad de juego.

Variantes: Los jugadores arrancan en posición sentados, boca abajo, de espalda, hincados, donde además se desarrolla la velocidad de reacción.

Ejercicio para ganar posición al driblear

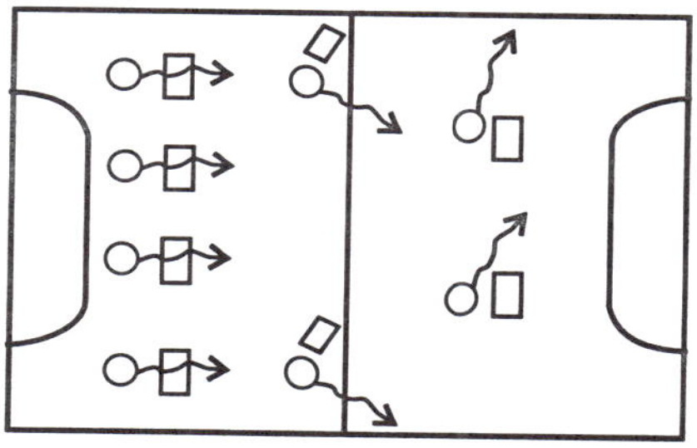

El enseñar o practicar este principio es un excelente trabajo de uno contra uno en toda la cancha, tres cuartos o media cancha.

La figura muestra ejercicio y varias formas de comenzarlo según lo que desee cada entrenador como objetivo.

Se indicará primero a los atacantes usar la pierna hábil, de manera que el defensa trate de ubicarse hacia dicha pierna para marcar.

Luego de varias ejecuciones, el atacante usará la pierna menos hábil y cambian funciones.

Después de varias repeticiones, el entrenador ordenará a los atacantes usar ambas piernas con el fin de dar una total realidad de juego al ejercicio.

El entrenador determinará el espacio a ocupar en este ejercicio.

Ejercicio para el principio de anticipación

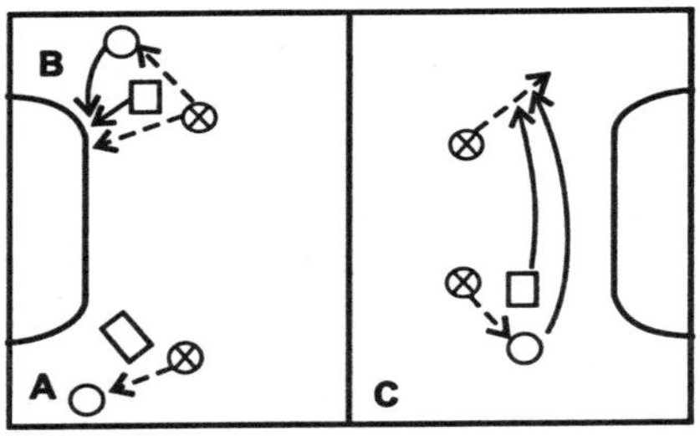

1. 3 jugadores: Un defensa, un atacante y un pasador. La letra A, muestra como el defensa debe anticipar al atacante, dificultándole la recepción del balón. Los jugadores conservan sus posiciones.
2. 3 jugadores: Un defensa, un atacante y un pasador. La letra B, muestra en este ejercicio, como el atacante busca la posibilidad de ofrecerle al pasador un ángulo adecuado de pase, mientras el defensa aplica la anticipación.
3. 4 jugadores: 2 pasadores, un defensa y un atacante. En este ejercicio el espacio a recorrer es más amplio y por lo tanto la dificultad para la defensa es mayor.

La letra C, nos muestra como el atacante se moviliza hacia el segundo balón, solo si toca el primero o cuando el defensa lo ha desviado o controlado.

Ejercicio para el principio de ayuda y recuperación

1. 2 atacantes y 2 defensas: Ambos atacantes permanecen en sus lugares, solo movilizan el balón, y los defensas realizan el trabajo de ayuda y recuperación. El balón se devuelve y se produce recuperación en uno y ayuda para el otro defensa.

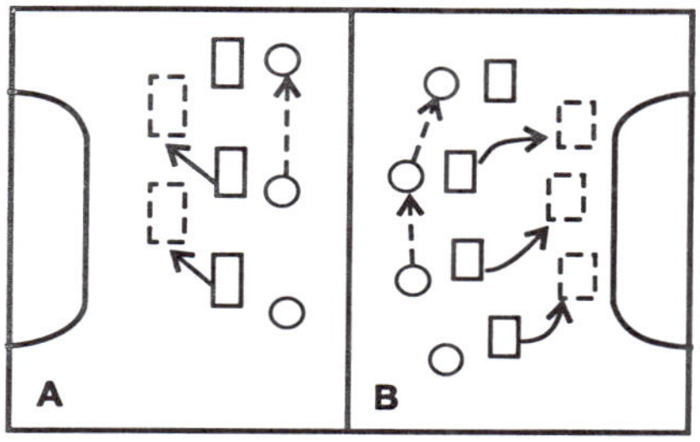

2. 3 contra 3: La letra A nos muestra como el balón parte del centro a un costado y se produce la ayuda del defensa inmediatamente cercano, mientras el tercero triangula o flota.
3. 4 contra 4: En la letra B, observamos el trabajo efectuado por los 4 defensas mientras los atacantes movilizan el balón.

Los defensas que ayudan están diagramados con líneas de punto para señalar que están en otra posición.

Luego de varias repeticiones, todos los ejercicios serán hechos en completa realidad de juego: Defensas y atacantes en movilidad.

Ejercicios para el principio de doblaje

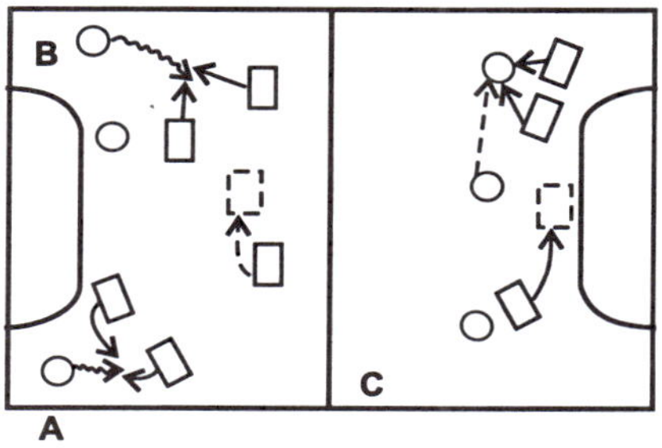

1. 2 defensas y un atacante: En la letra A, vemos al atacante dribleando y las dos defensas doblando la acción ofensiva de éste.
2. 3 contra 2 (3 defensas y 2 atacantes): En la letra B, observamos como mientras dos defensas doblan al atacante, el tercer defensa (el que no dobla), debe quedar flotando y triangulando como se muestra en la figura en la figura representado por el cuadrado de línea punteada.

El ejercicio exige un máximo de velocidad de parte de los defensas para llegar a establecer el doblaje.

3. 3 contra 3. Ver letra C. En este ejercicio el tercer defensa también se coloca en función de flotar con relación a la posición del doblaje y el tercer atacante.

Ejercicios para el principio de cobertura

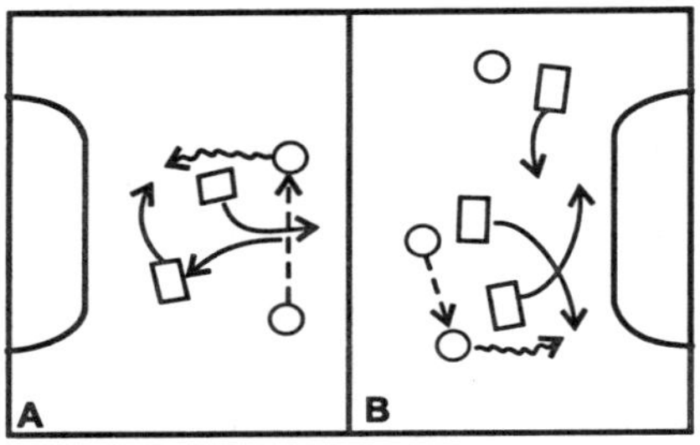

1. 2 contra 2 (A): Un defensa simula "pasar de largo" al intentar cortar el pase dirigido a su atacante; este comienza a penetrar; el otro defensa cercano a él, inmediatamente realiza la cobertura mediante el proceso llamado "cambio de marca por eliminación", y el defensa ayudado toma entonces el otro atacante, yendo hacia él en la forma más rápida posible.
2. 3 contra 3 (B): Un atacante (el del costado) elude a un defensa y comienza a penetrar; el defensa inmediatamente cercano lo ayuda; el tercer defensa se acerca al atacante que quedó libre; el eludido corre hacia su arco y al centro y luego se dirige hacia el atacante que quedó libre.

Como todo proceso de enseñanza deportiva, el entrenador debe exigir que las ejecuciones sean correctas, no debe dejar pasar los errores, debe exigir de sus jugadores el cien por ciento de esfuerzo en sus ejercicios.

También el entrenador puede adaptar estos ejercicios a juegos o competencias si cree que ello puede ser más motivador para sus jugadores.

En este punto creo necesario reiterar lo dicho anteriormente; los sistemas defensivos serán enseñados después de haber aprendido los jugadores los principios defensivos. Es imposible hacerlos entender una defensa presionante, por ejemplo, si no conocen el principio de doblaje o hacerlos aplicar una defensa individual con ayuda, si no conocen los principios de flotación y el de ayuda y recuperación. Estos son pasos metodológicos que deben respetarse y no saltarse etapas por conseguir antes de lo previsto un resultado positivo.

ESQUEMAS DE MARCACIÓN HOMBRE A HOMBRE

1. Presión

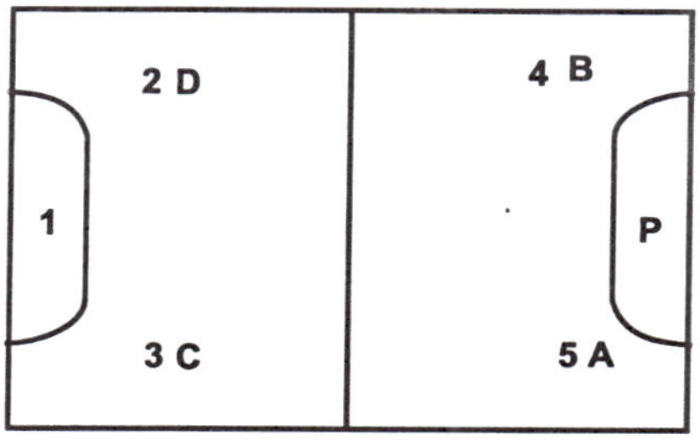

Los jugadores marcan al adversario en cualquier sector del campo, de forma de no dejar espacio para el oponente, estando el mismo con o sin balón. La marcación individual es constante.

2. Media presión

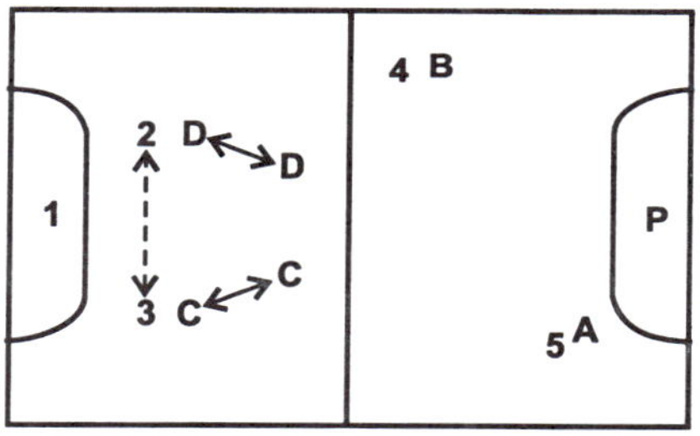

C y D ejercen una presión solamente cuando el jugador contrario, el cual se está marcando, recibe el balón. Cuando uno de los dos marca a presión, el otro retrocede un poco para cerrar el centro del campo. A y B ejercen marca individual en su zona defensiva.

3.

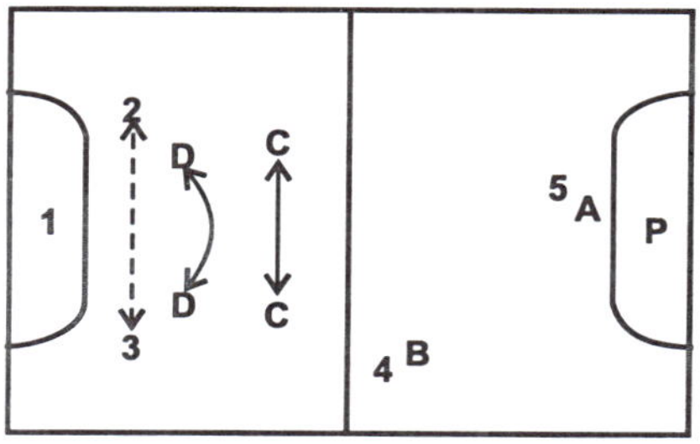

En este caso D ejerce la marcación solamente al jugador que recibe el balón, sin marcar al adversario que sale al frente sin balón, función destinada para C, quien se ubica en el sector central protegiendo esta zona.

4.

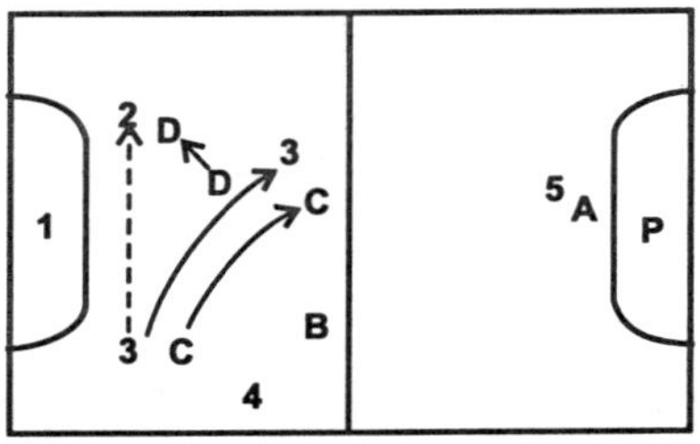

En este tipo de marcación, la presión se hace sobre el jugador que posee el balón. En este caso C marca a presión y, B y D, marcan más distantes. Si el jugador marcado efectúa un pase y cambia de posición, debe ser acompañado por su marcador, D entra a marcar a presión al jugador que recibe el balón y B marca más distante. A ejerce una marca a presión en su zona defensiva.

5.

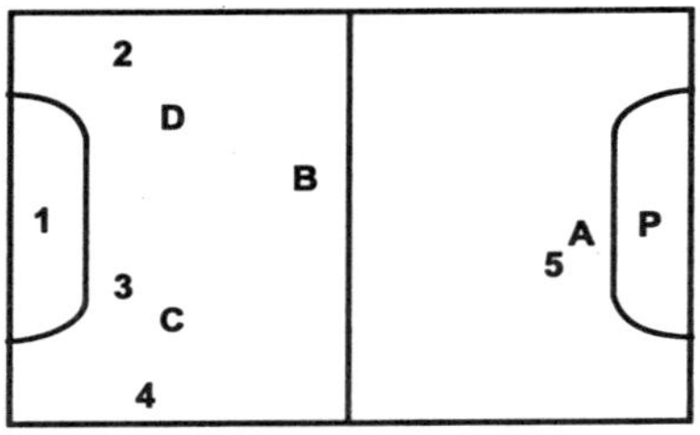

Tipo de marcación efectuada cuando el equipo contrario inicia tocando el balón en su sector defensivo con tres jugadores. En este caso C y D ejercen marcación directa en cuanto que B se ubica en el centro del campo pendiente del adversario que sale al ataque a fin de marcarlo, aparte de guardar el sector central. C ejerce marcación por el sector izquierdo y D por el derecho. El primer adversario que sale al ataque es marcado por B, mientras que los otros dos adversarios son marcados por C y D automáticamente, inclusive con cambios de posición al ataque. A siempre ejerce presión en su sector defensivo.

6.

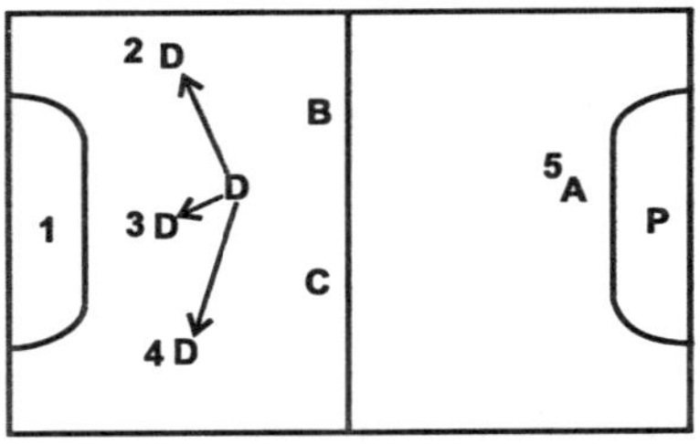

En este caso D ejerce marcación sobre el elemento que posee el balón, mientras que B y C esperan detrás protegiendo el sector central del campo, vigilando a los adversarios en sus cambios de posiciones para ejercer marcación sobre ellos. Es más usada cuando el adversario basa su ataque en penetraciones por las alas o laterales. B y C marcan al adversario que salga por el medio del campo, dependiendo de qué lateral sale al ataque. Este tipo de marcación tiene el formato de un triángulo.

MARCACIÓN ZONAL

Este tipo de marcación se debe emplear como opción en las siguientes situaciones de juego:

1. Lanzamiento de esquina

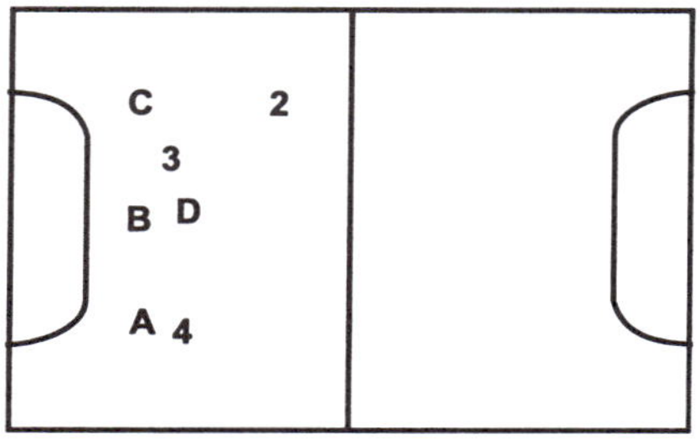

Posibilidad 1

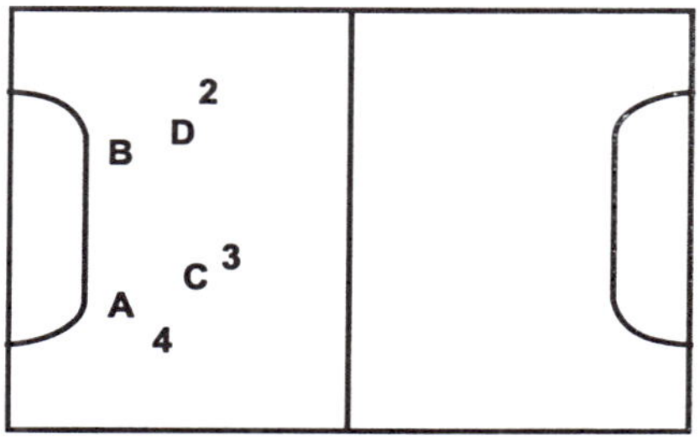

Posibilidad 2

1-2-3-4: Atacantes
A-B-C-D: Defensas.

2. En un contra -ataque del adversario

Si B pierde el balón con 3, inmediatamente A y B retroceden a su campo para marcar cada uno una zona lateral cerca de su portero. D se cierra a la mitad del campo de juego, movimientos estos que buscan dar tiempo para el retroceso de B.

3. En jugada de balón detenido

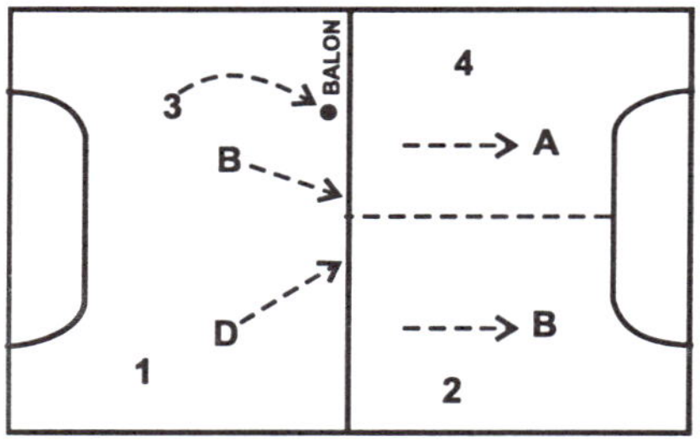

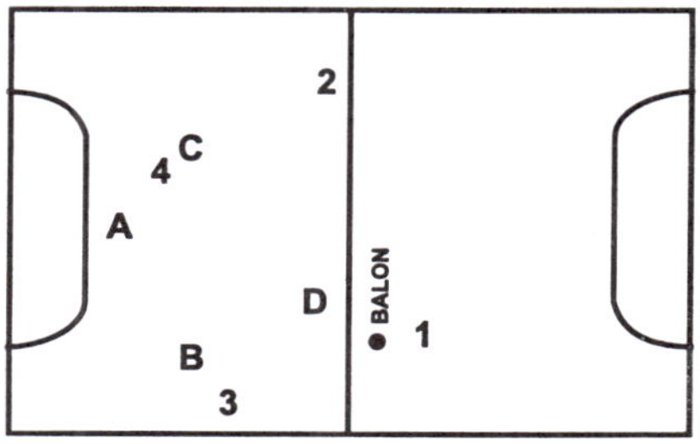

1-2-3-4: Jugadores atacantes
A-B-C: Jugadores defensores en marcación zonal
D: Jugador en formación de barrera.

4. En inferioridad numérica (un jugador menos)

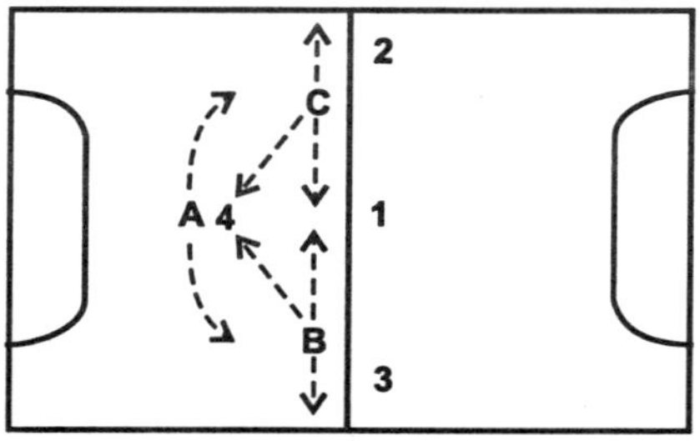

Posibilidad 1

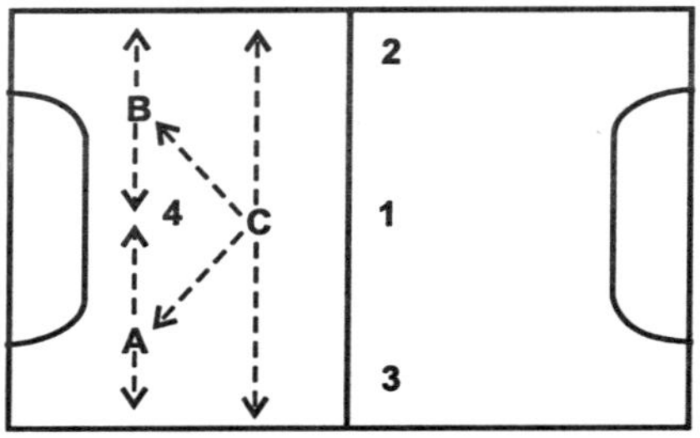

Posibilidad 2

FORMACIÓN DE BARRERAS

Aclaración: La marcación hombre a hombre es la que se observa actualmente en el mundo a nivel de equipos y selecciones de alto nivel competitivo con excelentes resultados, razón por la cual pretendemos que nuestro salonismo practique las técnicas y tácticas modernas de este deporte.

Igualmente es bueno anotar que este tipo de marcación se puede hacer con o sin cambio de hombre, lo que será determinado en última instancia por el técnico, de acuerdo a las características de sus jugadores y a las principales virtudes y defectos del equipo adversario.

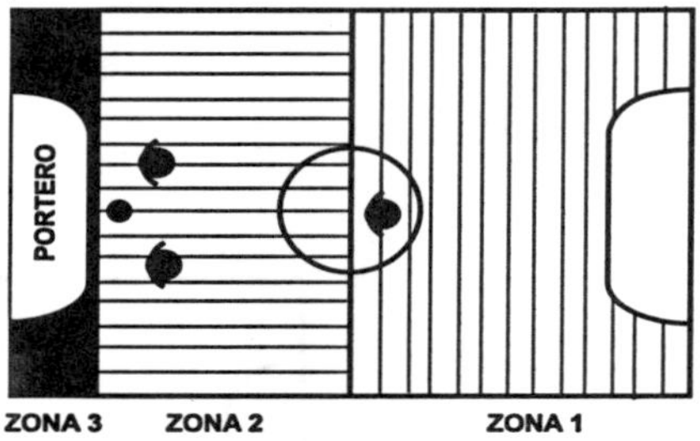

● Jugador en formación (barrera), dependiendo de la zona del trio libre

EL ATAQUE

Todos los movimientos de ataque que irán relacionados en cuanto a su ejecución, dependerán de una serie de factores que determinarán su practicidad. El nivel técnico de su equipo, las características de cada jugador, el nivel físico – atlético del plantel son algunos de esos factores que determinan su perfecta ejecución.

Es bueno resaltar que no podemos volver robots a nuestros jugadores y debemos procurar que no olviden su creatividad natural la cual no debe ser violada jamás.

Consideramos siempre la marcación hombre a hombre, que es la más usada por equipos y selecciones, para ofrecer algunos movimientos ofensivos que sirven de ejemplo para la gran cantidad de opciones que se pueden fabricar por partido.

PRINCIPIOS OFENSIVOS

1. Ganar posición
2. Amplitud
3. Profundidad o penetración
4. Movilidad buscando:
    a. Creación del espacio
    b. Llenado del espacio
    c. Aprovechamiento del espacio
5. Desmarcación
6. Recepción más acompañamiento
7. Cambios de ritmo y dirección
8. Manejo de perfiles contrarios o cambiados para iniciar jugadas de ataque.

MOVIMIENTOS OFENSIVOS

Salidas 3 – 1

1.

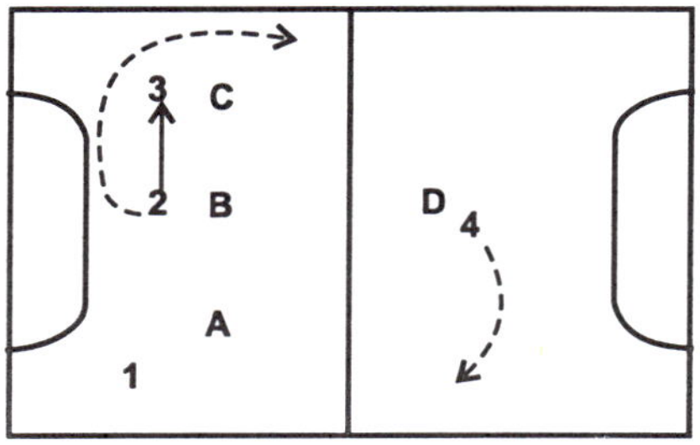

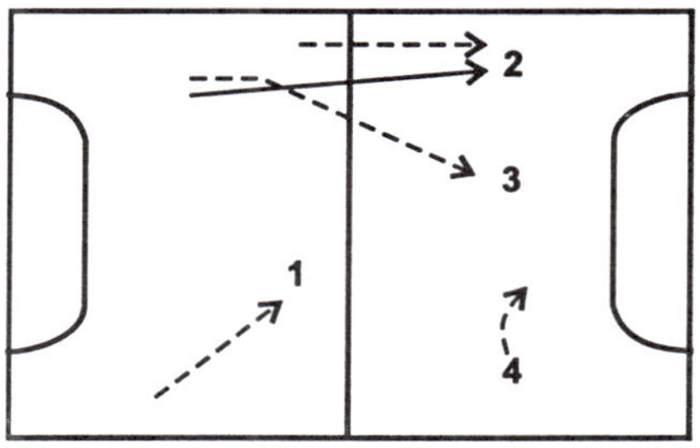

1-2-3-4: Atacantes   A-B-C-D: Defensas   2: Izquierdo   3: Derecho

2..

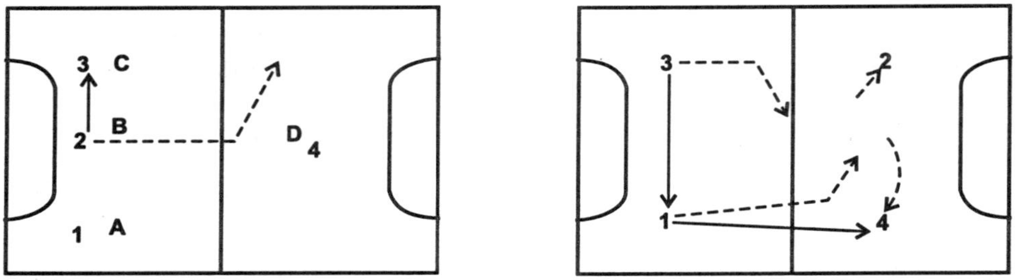

3.

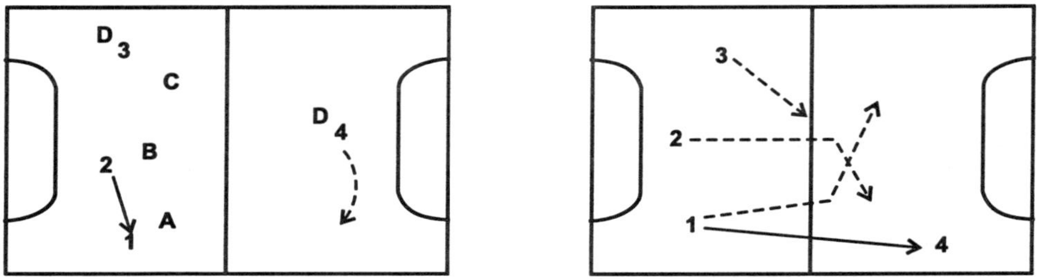

Salidas 3 – 1 con "cortinas" o "bloqueos"

4.

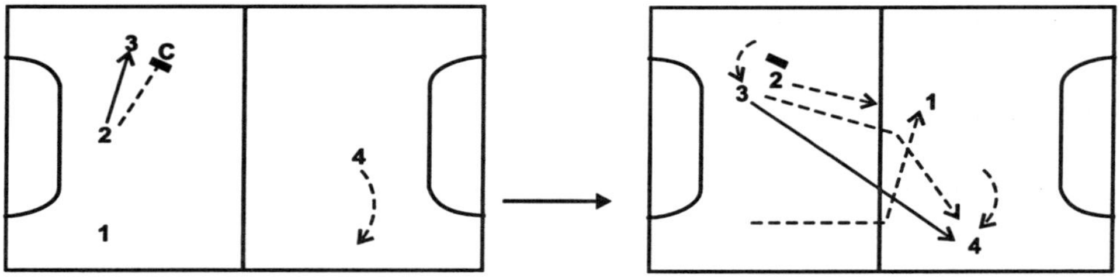

Variante:

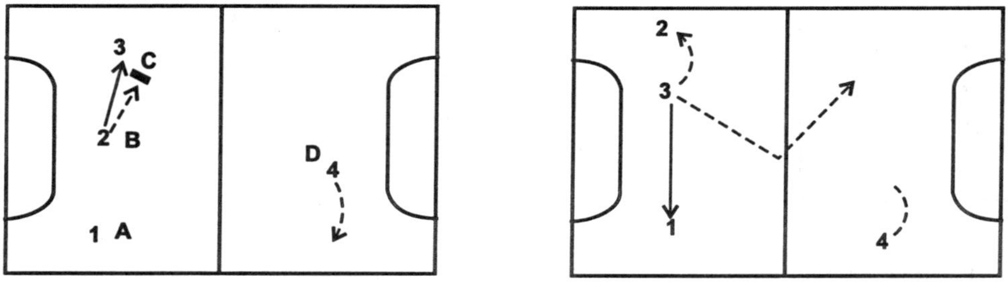

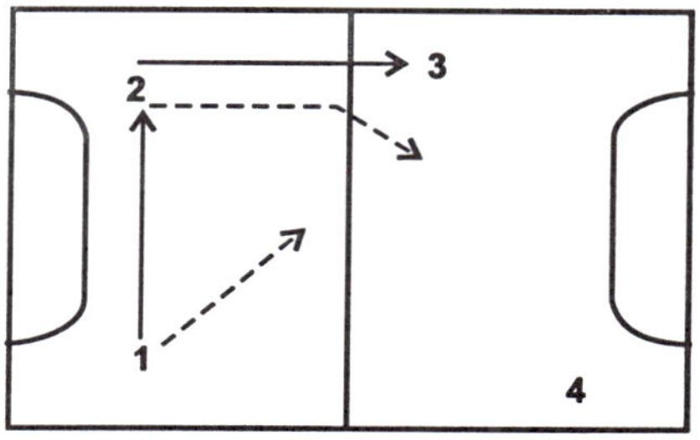

5.

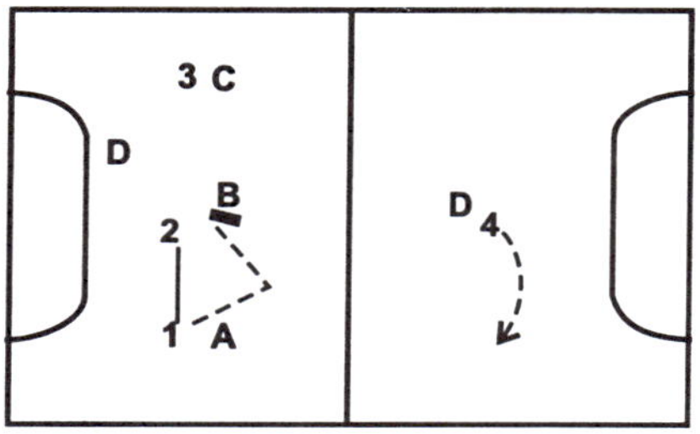

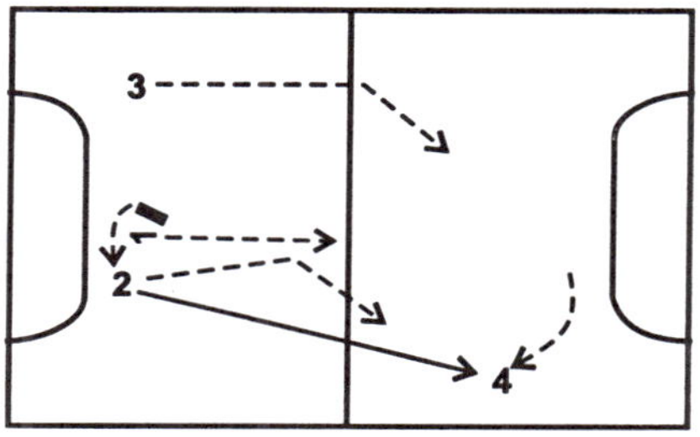

6.

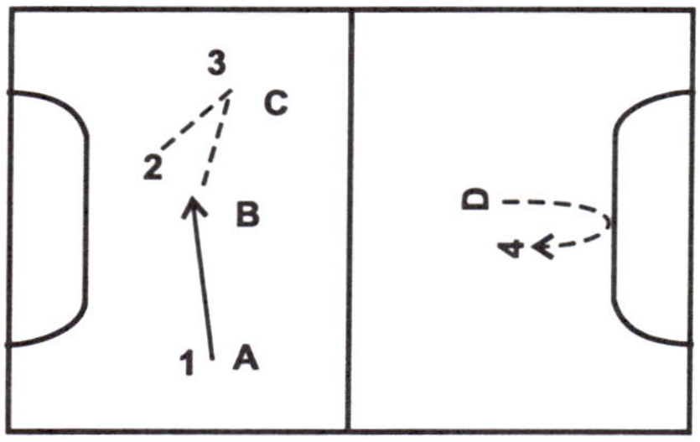

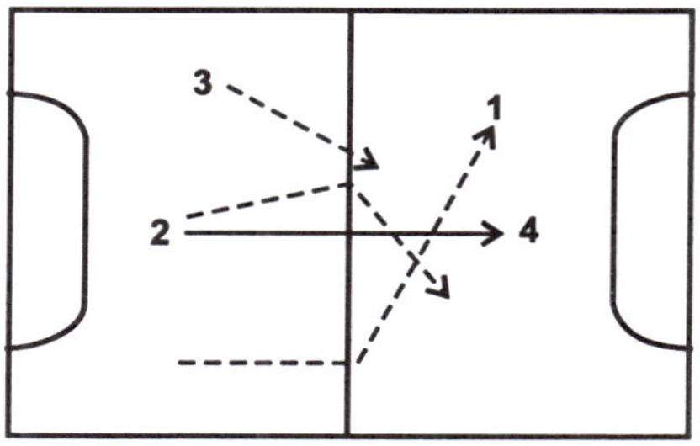

7.

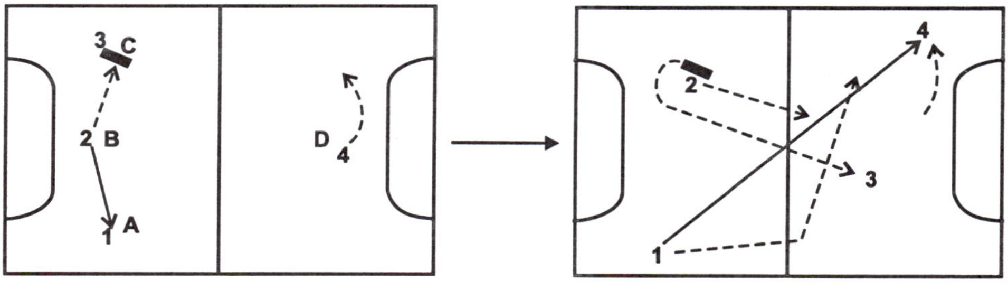

Editorial Kinesis

Variante:

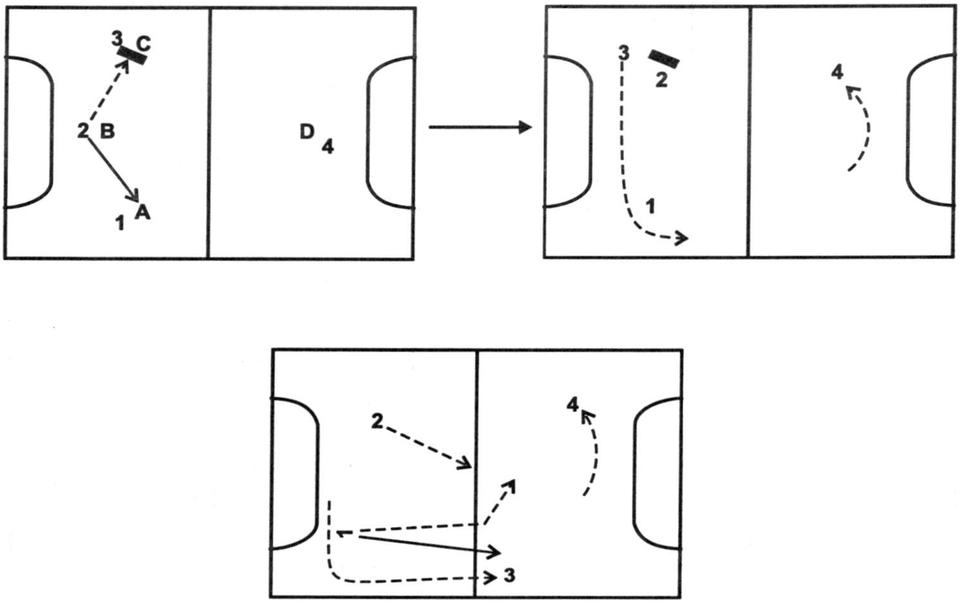

8. Doble cortina

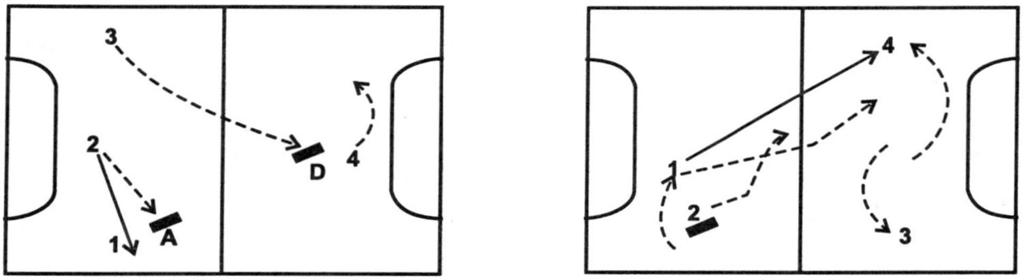

Editorial Kinesis

9.

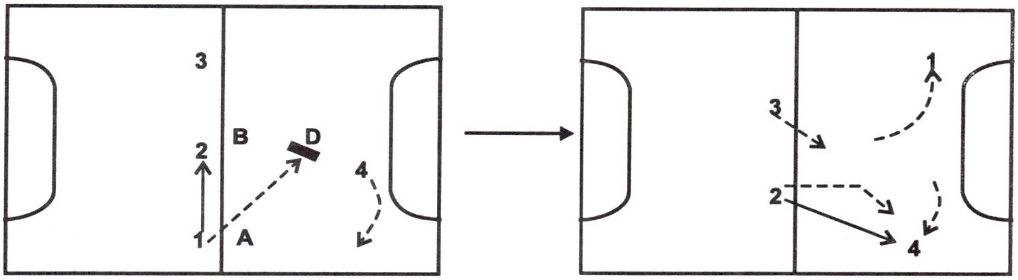

Variante

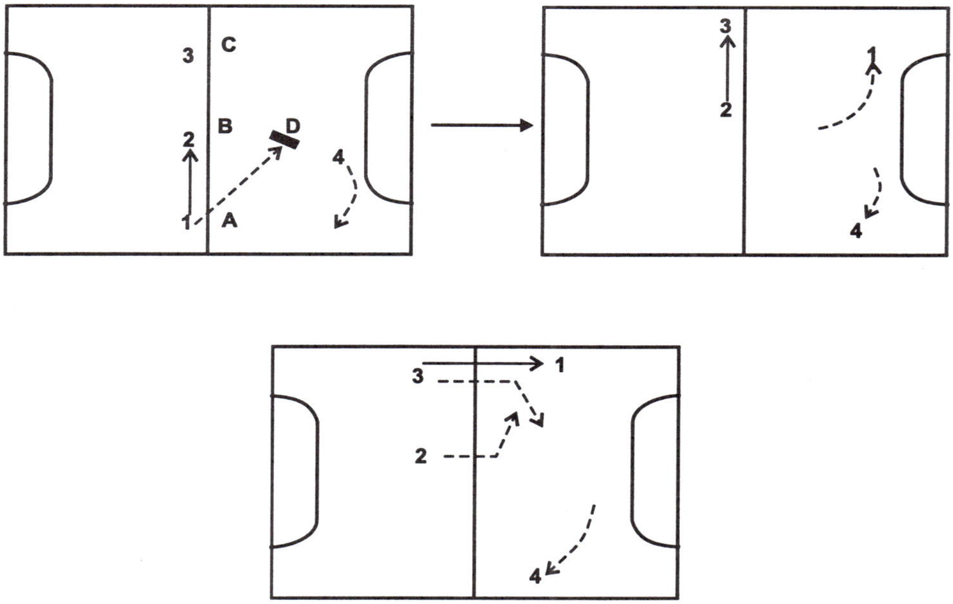

MARCACIÓN DEL ADVERSARIO EN LA MITAD DEL CAMPO - CAMPOS ANCHOS (20 METROS)

10.

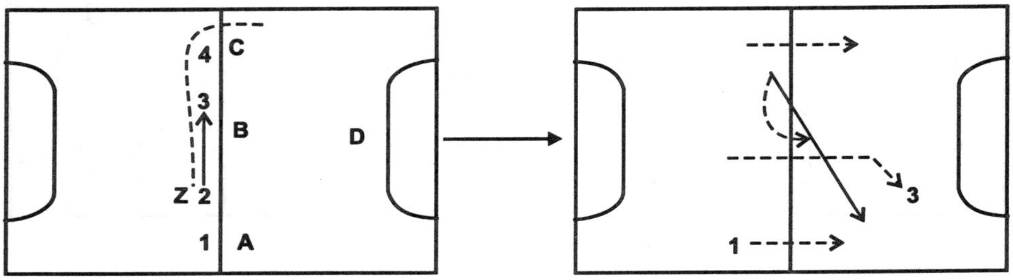

11. Doble bloqueo y cortina

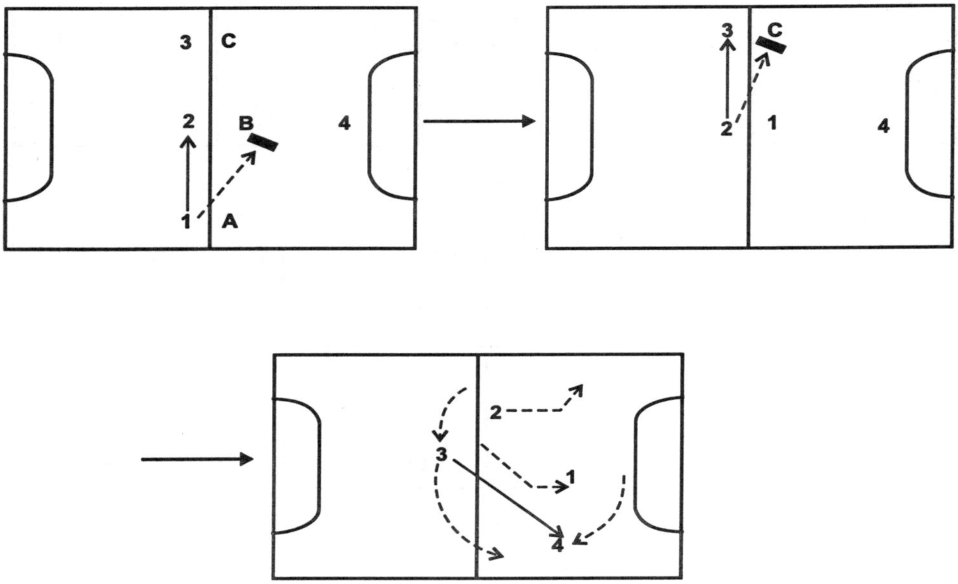

PRESIÓN DEL ADVERSARIO EN TODO EL CAMPO

12.

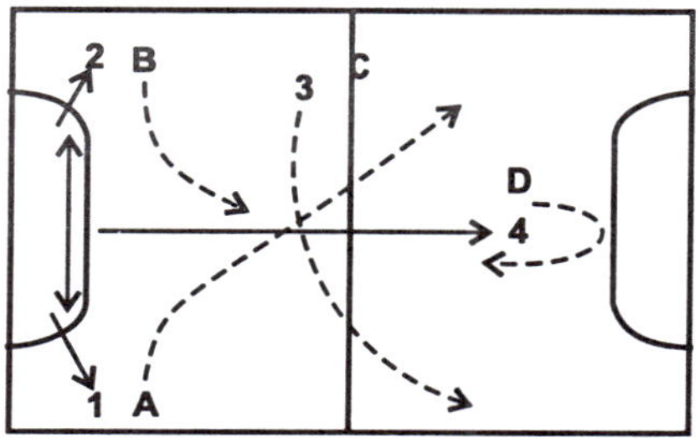

13.

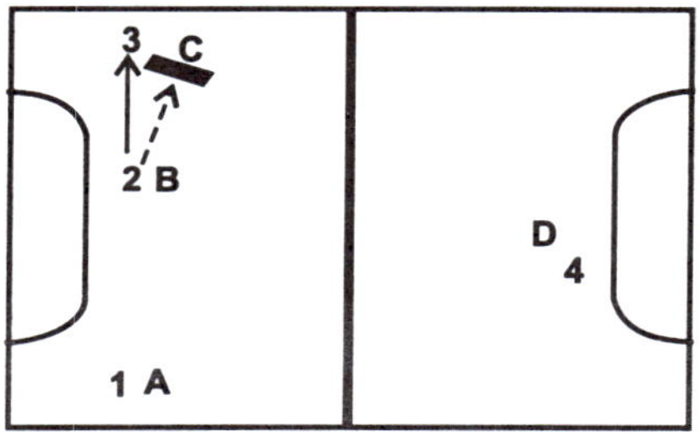

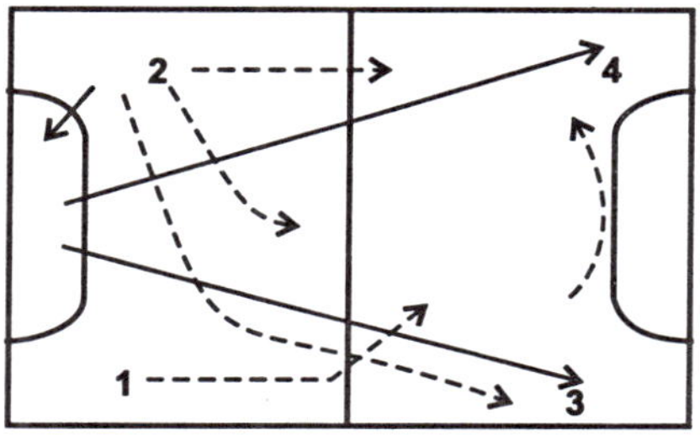

ESQUEMAS TÁCTICOS OFENSIVOS PARA SISTEMA 2 X 2

Jugadores que realizan los esquemas: A – B – C – D
Equipo contrario: 1 – 2 – 3 – 4

1.

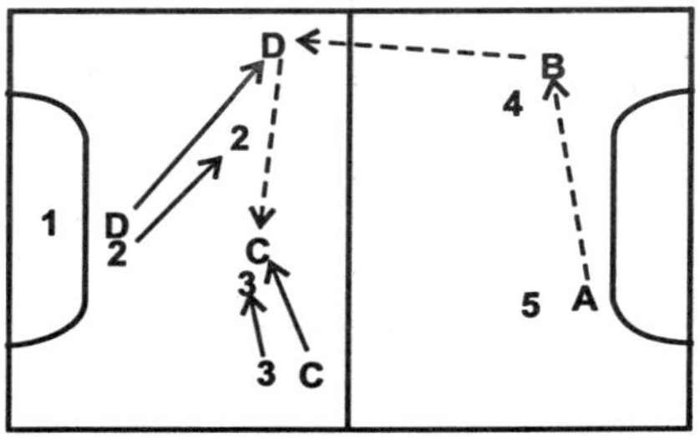

A toca el balón para B abierto en el lateral, éste toca para D, quien viene al encuentro del balón en la zona lateral y toca para C quien viene entrando por el medio para recibir y rematar a gol.

2.

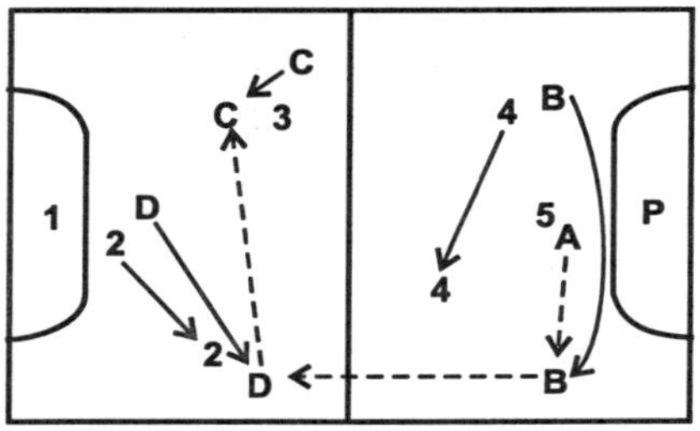

B pasa corriendo por detrás de A que está en posesión del balón. A toca de lado para B, éste hace un pase paralelo para D quien se abre rápidamente al lateral y pasa de primera para C de frente a gol.

3.

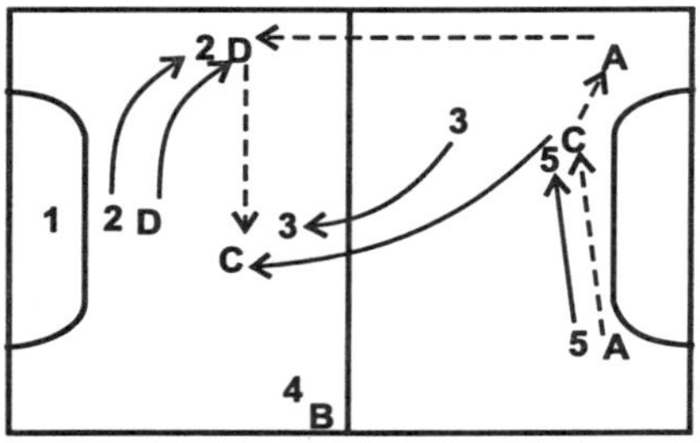

A toca el balón para C y se aproxima a él para recibir el balón próximo al lateral y pasar en paralelo para D que abre al lateral. Al mismo tiempo C penetra por el medio para recibir de D y rematar a gol.

4.

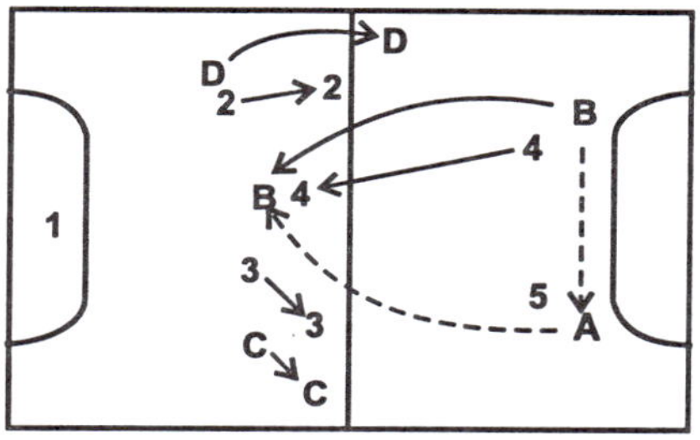

B realiza un pase para A y penetra por el medio del campo haciendo un cambio de posición con D quien viene a cubrir el sector derecho. A llama la atención de C para que se ubique sobre el lateral izquierdo trayéndose a su marcador y efectúa un pase para B en posición ofensiva, para intentar el gol.

5.

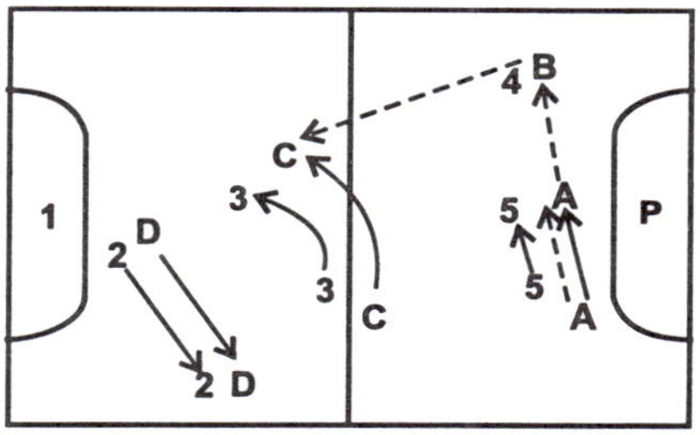

A conduce el balón del lateral hacia el medio y pasa de primera a B, este toca rápidamente para C quien entra a velocidad del lateral al medio y remata a gol libre de marcación, pues D se abre al lateral contrario llevándose su marca consigo.

6.

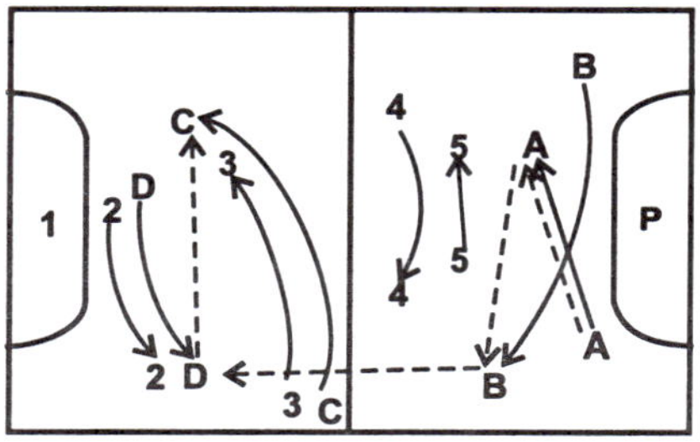

A va conduciendo el balón para el lateral derecho, en ese momento B pasa corriendo por detrás de A y recibe el balón de éste. Cuando B recibe el balón, C efectúa un cambio de dirección hacia el sector central abriendo un espacio por el cual B pasa a D, quien toca a C quien remata a gol.

Editorial Kinesis

ESQUEMAS CON LANZAMIENTO DEL PORTERO

1.

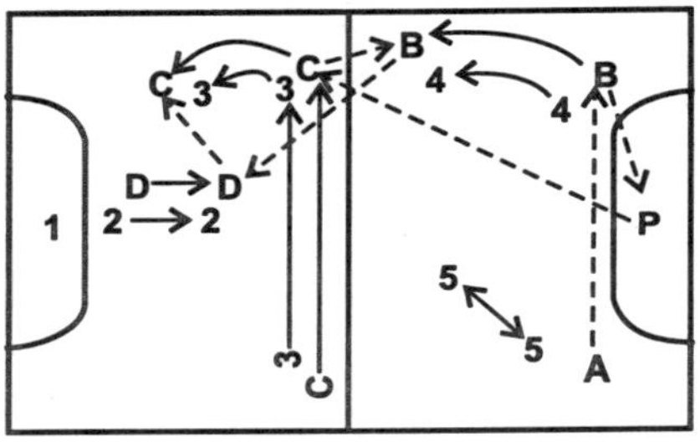

A toca el balón para B y avanza por el lateral izquierdo; B pasa a su portero al ser presionado. En ese momento C se dirige al lateral derecho y recibe el lanzamiento del portero y toca para B que se aproxima; B hace un pase para D que viene al centro del campo y toca para C para rematar a gol.

2.

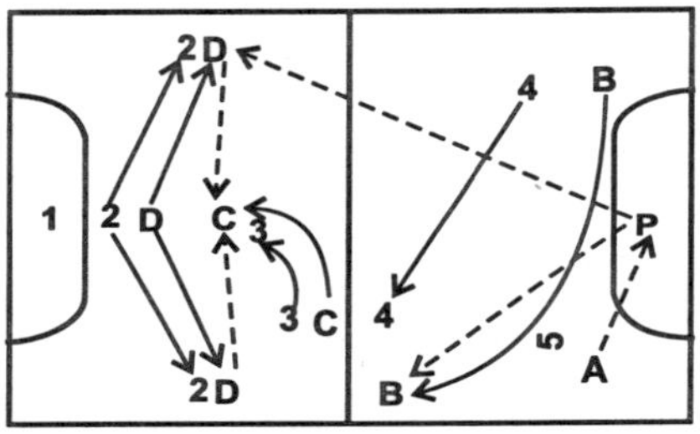

A toca el balón al portero, en tanto que B pasa corriendo, cambiando de lateral. El portero podrá lanzar el balón para B si éste se libra de su marca, ante lo cual D se abre al lado correspondiente para recibir y pasar a C que también cambia de lado en caso de que B sea marcado, el portero ejecuta el lanzamiento para D sobre el otro lateral, y este al recibir el balón pasa a C que viene entrando por el medio para rematar a gol.

3.

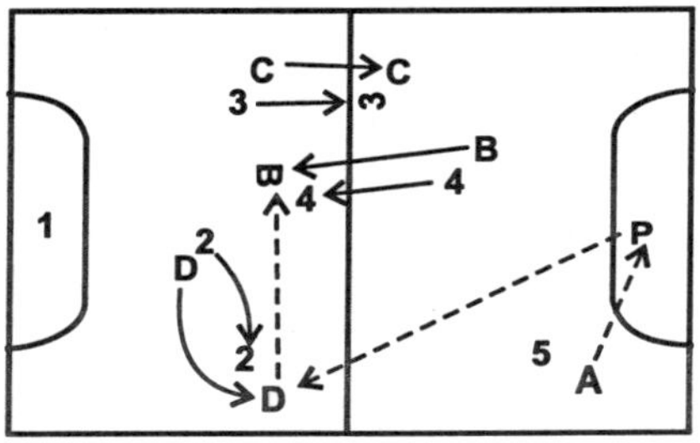

A toca el balón para el portero, en tanto que D se abre sobre el lateral y C arrastra su marca hacia el sector defensivo dejando el espacio libre para la infiltración de B al sector ofensivo. El portero efectúa un lanzamiento para D y este pasa a B que entra en velocidad por el sector central del campo y remata a gol.

4.

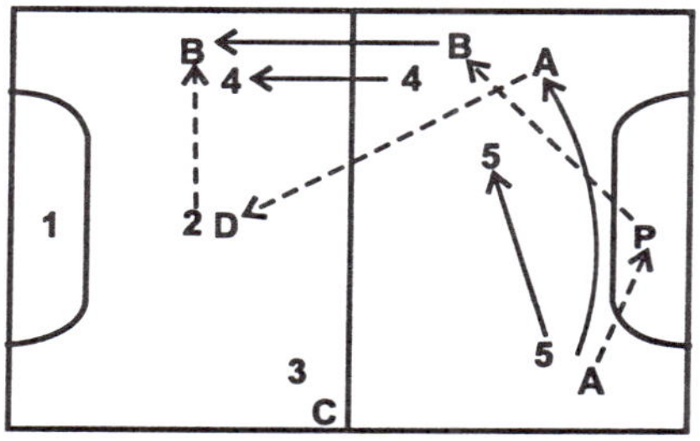

A presionado toca el balón para el portero, éste hace un lanzamiento para B que retiene y aguarda la aproximación de A para devolverle el balón. A llega en velocidad y efectúa un pase para D que se posiciona en frente de su marcador; B avanza rápidamente por el lateral y recibe el balón de D para rematar a gol.

5.

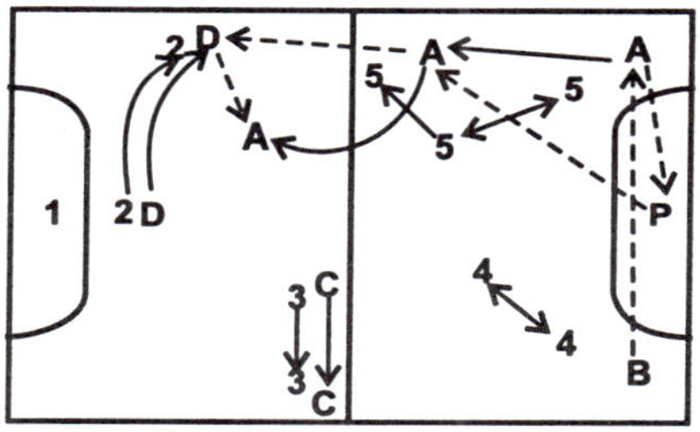

B toca el balón para A, éste presionado toca para el portero y se abre al lateral. El portero al observar que los marcadores se ubican en el medio, lanza para A, en ese momento C se dirige al lateral izquierdo llevándose a su marca. A recibe el balón y toca en paralelo a D quien se abre sobre el lateral correspondiente y devuelve para A que entra por el medio.

6.

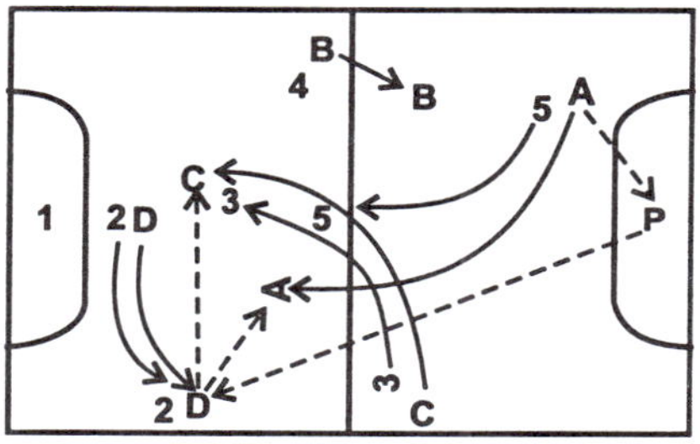

A presionado toca el balón para el portero. En ese momento C cambia de dirección hacia el medio del campo abriendo el espacio para que el portero efectúe el lanzamiento a D sobre el lateral. D hace el pase de primera para C que penetra de frente para gol. Si este pase es imposible, toca para A, quien entra a velocidad por el centro remata a gol.

ESQUEMAS TÁCTICOS OFENSIVOS PARA SISTEMA 3 X 1 - 1 X 3

1.

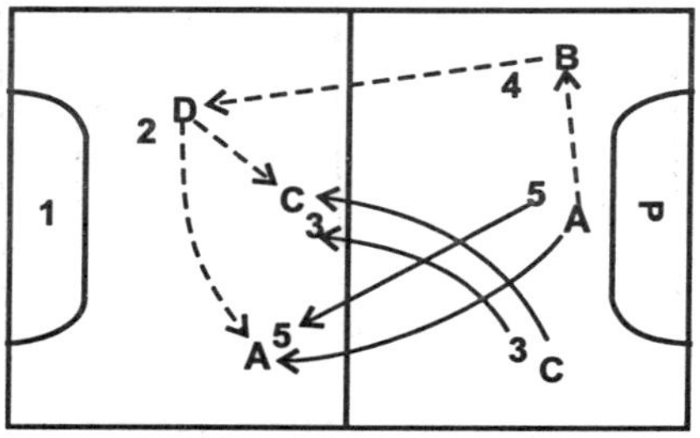

A está en posesión del balón por la zona central, ejecuta un pase para B en el lateral derecho y sale al ataque por el lateral izquierdo. B luego de recibir efectúa un pase para D al frente del área adversaria y C entra por el medio de frente a D en condiciones de rematar a gol. D también puede pasar a A sobre el lateral.

2.

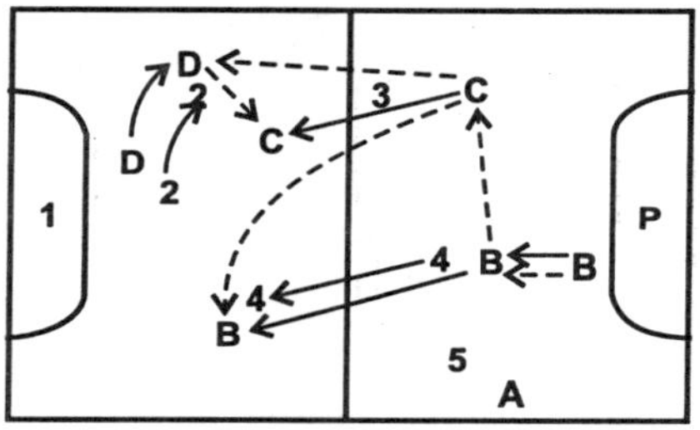

B conduce el balón y ante la cercanía de su marcador, pasa para C sobre la lateral derecho. En ese momento D se abre sobre el lateral. C podrá pasar a D y entra por el medio del campo a recibir la devolución de éste, o también puede tocar el balón por lo alto haciéndolo llegar a B que entra con más espacio debido a la salida de D para el lateral llevándose a su marca.

3.

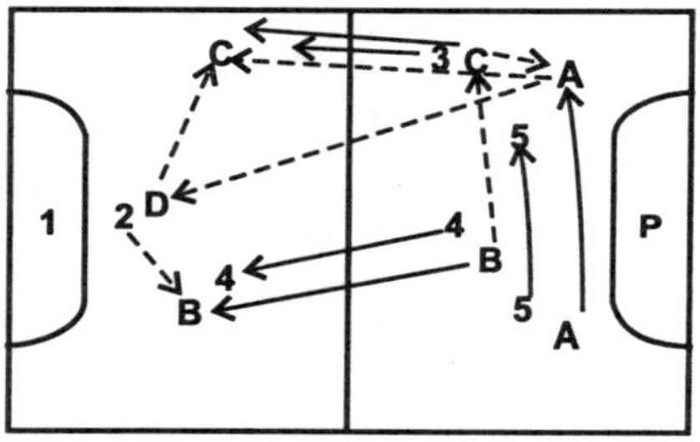

B ejecuta un pase para C y sale al ataque por el lateral izquierdo. C asegura el balón y aguarda la llegada de A próximo a él. A recibe y pasa a D al frente del área adversaria. D al recibir el balón tendrá como opciones B y C que penetran por los laterales.

Variante

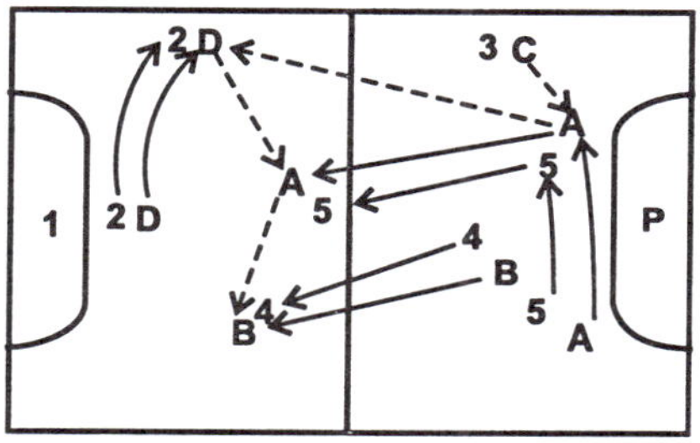

D se abre sobre el lateral y recibe de A, quien entra a velocidad por el medio para recibir la devolución y rematar a gol, o tocar a B quien entra por el lateral izquierdo. (En esta jugada C simplemente retiene el balón y espera la llegada de A y luego efectúa el balance defensivo).

4.

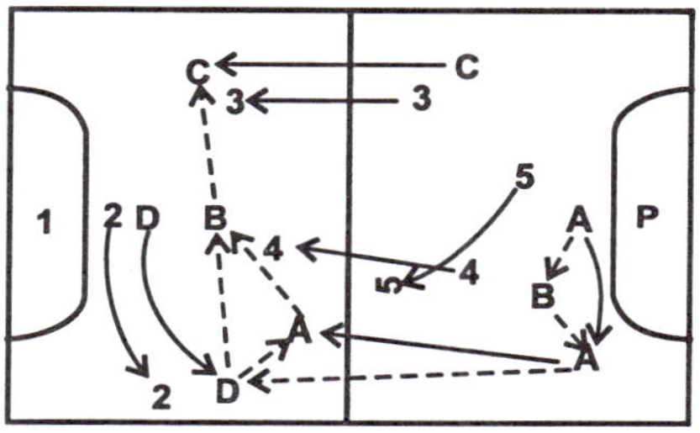

A efectúa un pase para B en el lateral izquierdo. B asegura el balón hasta la llegada próximo a sí, pasa a A y sale al ataque por el medio. A ejecuta un pase para D que se abre al lateral y pasa a B de frente al gol. En caso de no poder tocar el balón a B, D devuelve para A que ya ha avanzado y hace un pase en diagonal a B que puede rematar a gol o pasar a C que sube por el lateral.

5.

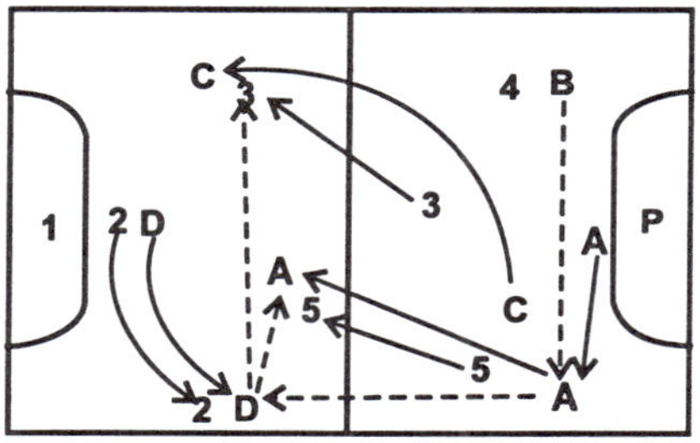

C cruza de izquierda a derecha sin balón. B toca el balón para A que ocupa el espacio dejado por C. A ejecuta un pase para D que se abre al lateral. D devuelve el balón para A que penetra por el medio, el cual puede rematar a gol o tocar a C que entra por el lateral derecho.

6.

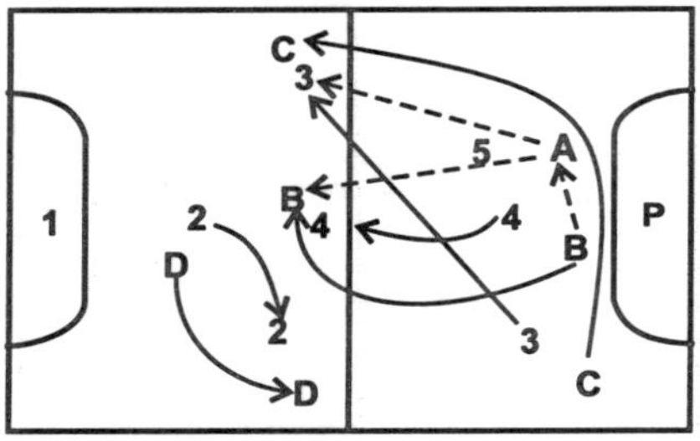

B está en posesión del balón en la zona defensiva central, en tanto que C va a la espalda de éste y cambia del lateral izquierdo al derecho. B pasa para A y penetra por el medio. En ese momento D se dirige al lateral a fin de dejar el espacio para la entrada de B. A al recibir el balón podrá pasar a C por el lateral derecho o pasar a B que entra de frente para gol.

7.

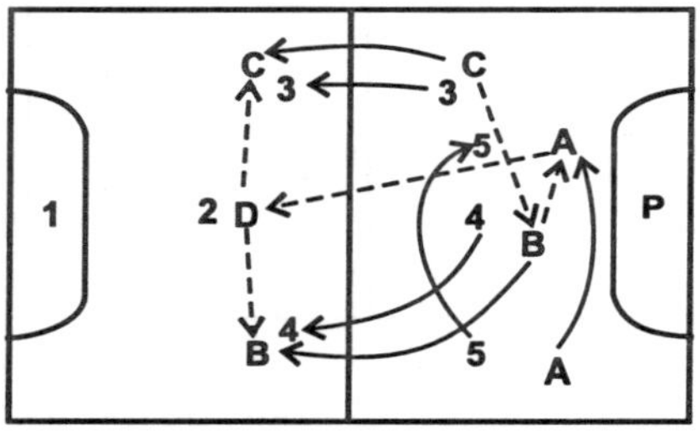

C está en posesión del balón en el lateral derecho y toca para B en el medio, este asegura el balón para A que del lateral izquierdo va al medio. B pasa el balón para A y se abre sobre el lateral izquierdo. A ejecuta un pase para D al frente del área adversaria y éste en una jugada individual podrá girar y rematar a gol, podrá también tocar para uno de los dos laterales B o C que penetran por las alas.

ESQUEMAS CON AUXILIO DEL PORTERO

1.

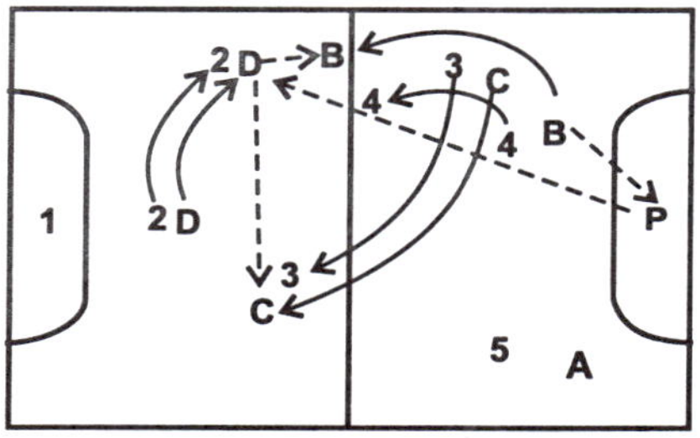

B toca el balón para el portero al tiempo que C sale del lateral derecho y se infiltra al ataque por el medio, dejando el espacio abierto, para el lanzamiento del portero para D que se abre al lateral. D recibe el balón y tiene como opciones a B que viene de frente por el lateral derecho; también a C que entra por el medio en donde puede intentar un dribling sobre su marca y rematar a gol.

2.

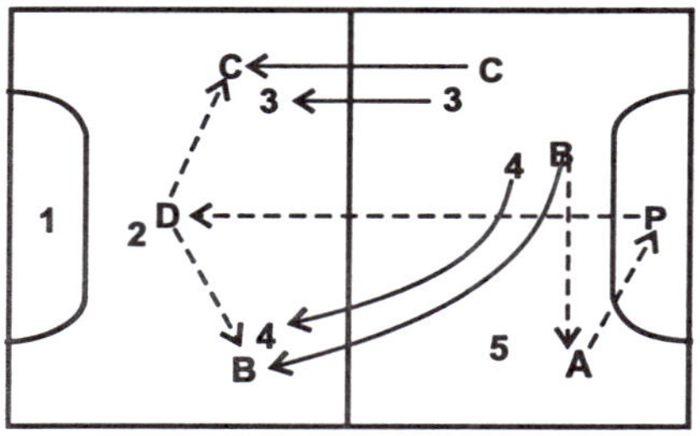

B efectúa un pase a A sobre el lateral izquierdo y sale a velocidad sobre el lateral respectivo. A toca el balón para el portero. Este lanza para D quien recibe y pasa a C sobre la derecha o a B sobre la izquierda.

3.

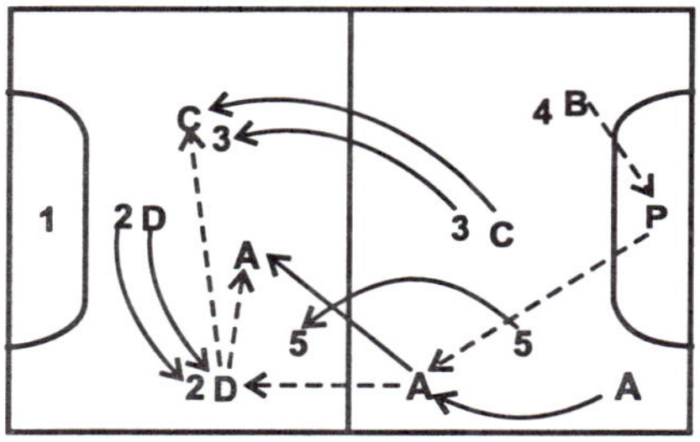

B hace un pase para su portero, en tanto que C cruza el campo llevándose su marcador. A sale por el lateral y recibe el balón lanzado por el portero, y toca para D que se abre sobre el lateral izquierdo. D recibe y pasa para A o C, ambos de frente para gol.

4.

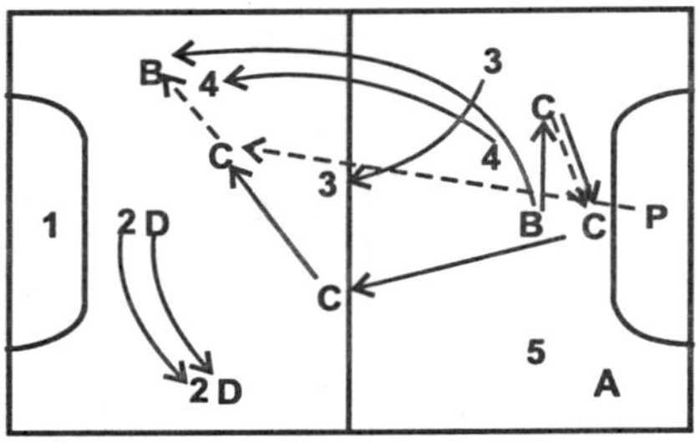

B toca el balón para C y se abre al lateral derecho. C recibe el balón y conduce hacia el medio y entrega al portero. En ese momento D sale al lateral llevándose a su marcador, C va al ataque y en mitad de camino cambia de dirección para recibir el lanzamiento del portero libre de marcación, puede rematar a gol o pasar a B sobre el lateral derecho.

5.

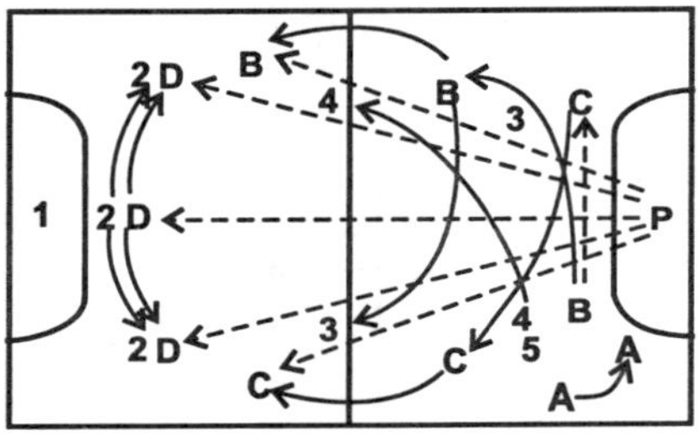

A, B y C efectúan pases y cambios de posición cruzado en su campo (rotación en trenza). En el momento en que el adversario presiona, el jugador que está en posesión del balón toca al portero y continua su trayectoria cruzando el campo de frente al mismo tiempo que su compañero se dirige al lateral. El portero, en este caso, podrá lanzar a D que cambia de dirección para recibir o podrá lanzar para uno de los laterales que salen libres de marcación.

6.

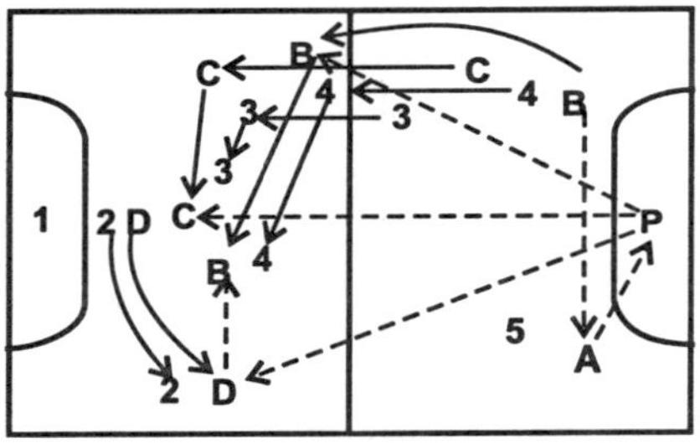

B toca el balón para A y sale al frente por el lateral. Al mismo tiempo se avanza también al frente. En ese momento A pasa el balón para el portero y efectuará un lanzamiento para B que ha salido por el lateral o para C que penetra por el medio, o para D en la izquierda. Si B o C reciben el balón estarán en condición de finalizar a gol. Si el balón llega a D, B penetra por el medio para recibir el balón y rematar a gol.

SALIDAS OFENSIVAS CON MOVIMIENTOS DE 4

1.

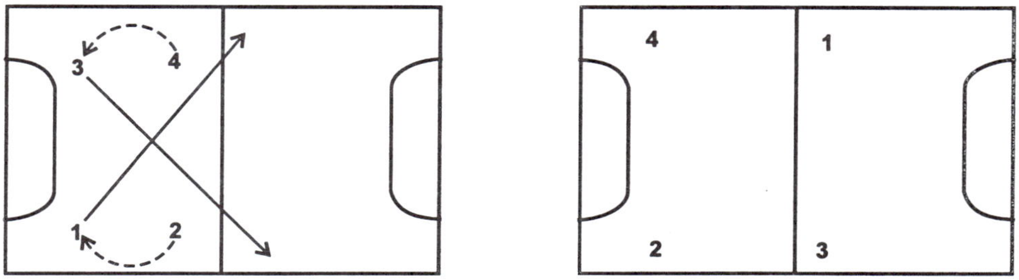

2.

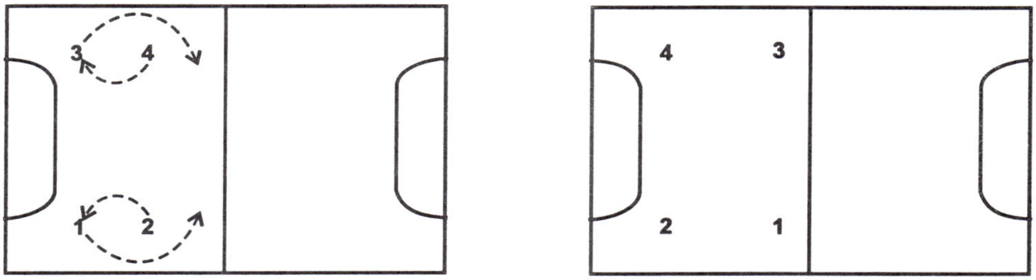

3.

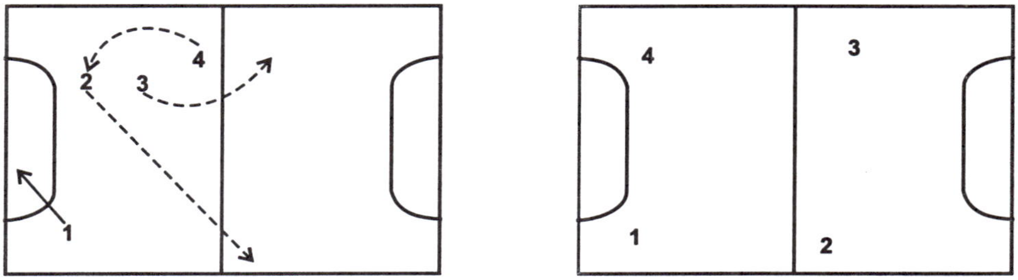

4.

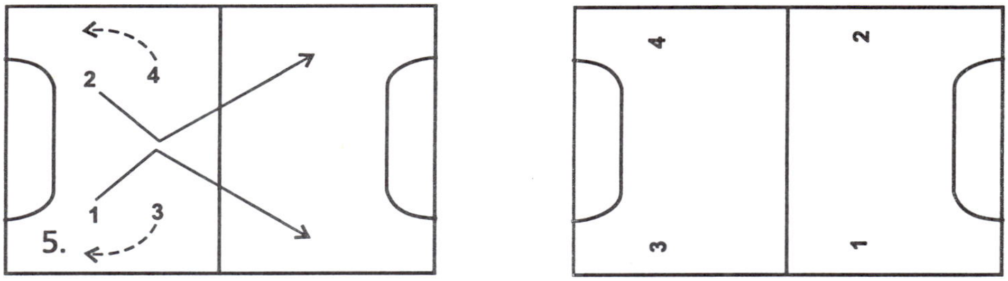

6.

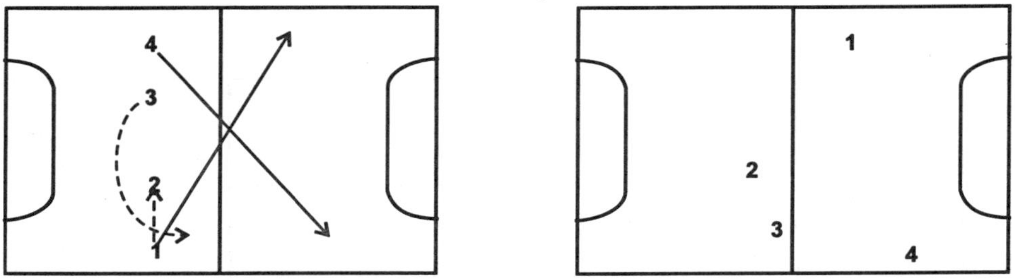

7.

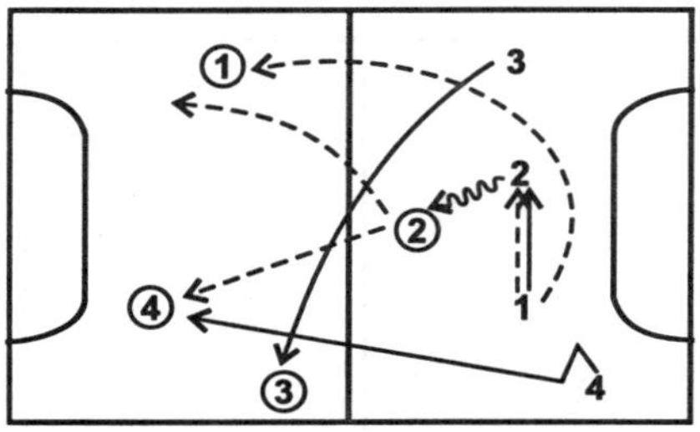

8.

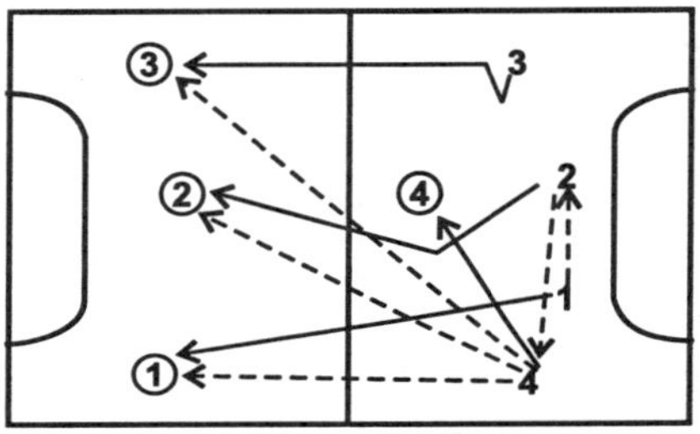

9.

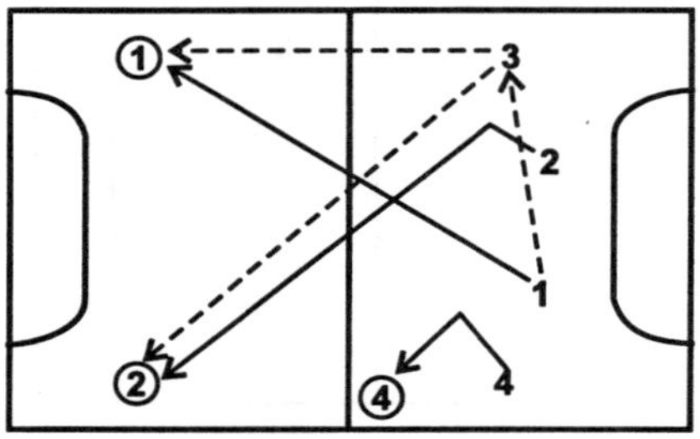

10.

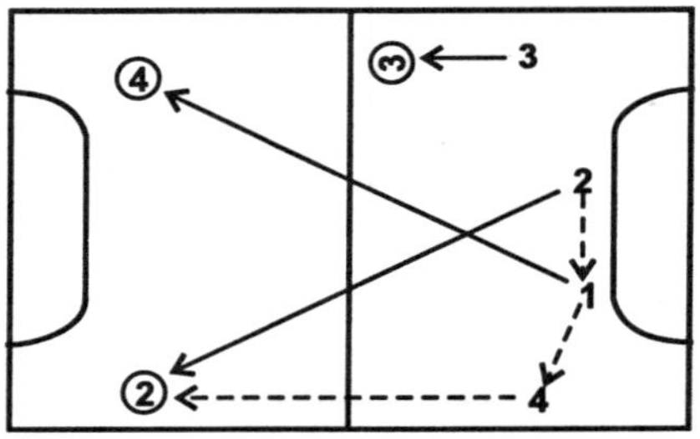

JUGADAS CON BALÓN DETENIDO: TÁCTICA ESTÁTICA

1 – 2 – 3 – 4 :	Jugadores atacantes.
X:	Jugadores defensores.
B:	Balón.

TIROS LIBRES

1.

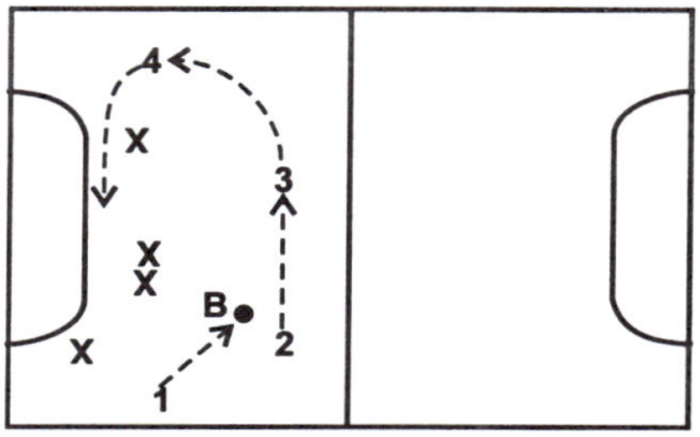

A la orden arbitral, 1 va al balón 2 a la posición de 3, éste a la posición de 4 y 4 aparece por detrás de la barrera. Con estos movimientos 1 posee mínimo 3 opciones para realizar la jugada.

2.

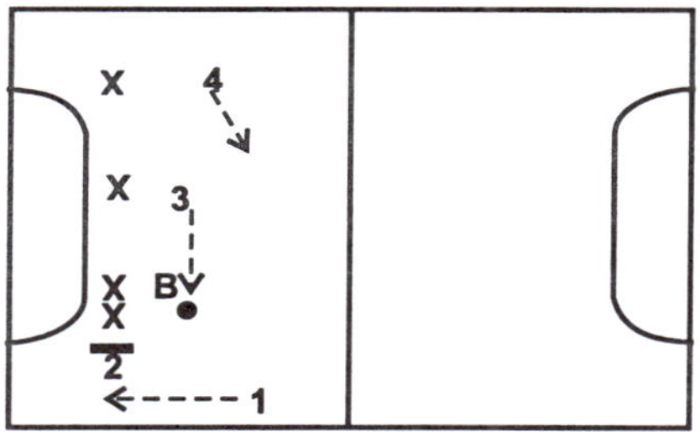

A la orden arbitral, 2 va y hace pantalla a la barrera; 3 va al balón y lo pasa a 1 quien sube por el lateral a rematar. 4 hace el balance defensivo.

3.

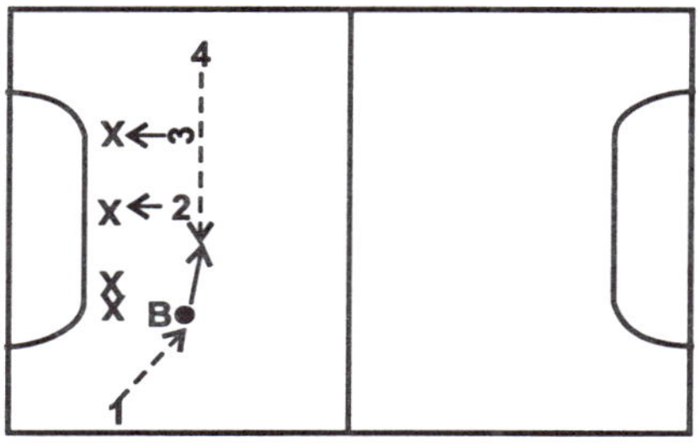

A la orden arbitral, 1 va al balón al tiempo que 2 y 3 van y hacen pantalla a los adversarios que tenían al frente. 4 jugador zurdo, va y recibe de 1 y remata al arco.

Variante:

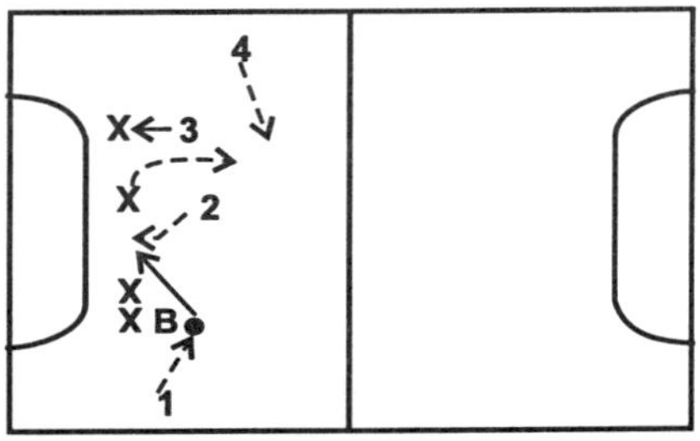

Luego de realizar el movimiento anterior, 2 aprovecha el espacio dejado por X quien sale a cortar el presumible pase a 4. llega al balón y pasa a 2 quien remata al arco.

4.

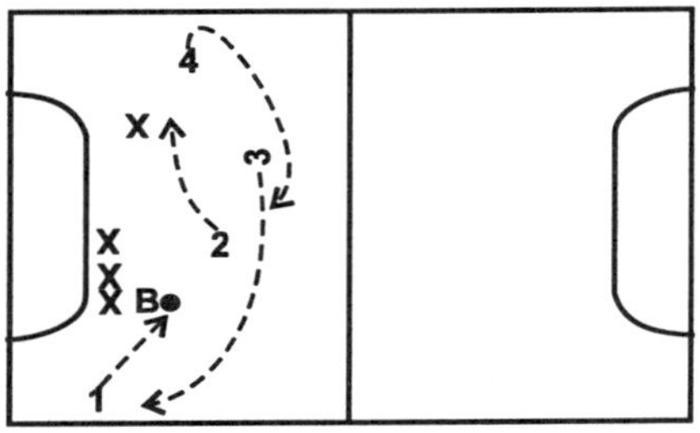

A la orden arbitral 1 va al balón, 2 se dirige a la posición de 4, 3 va al lateral, posición inicial de 4 - 1 determina a quien pasa de acuerdo a las opciones de la jugada.

5.

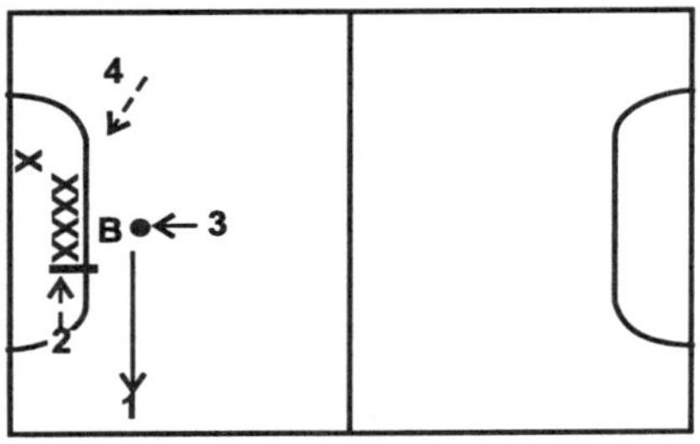

1 derecho y 4 zurdo, a la orden arbitral, 2 corre y efectúa una cortina a la barrera 3 llega al balón y pasa a 1 quien remata cruzado de perfil derecho.

6.

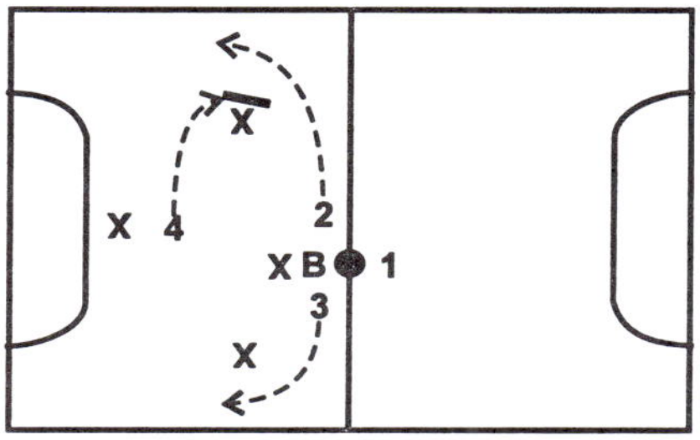

A la orden arbitral, 4 va y hace pantalla a X - 2 va al lateral y recibe de 1 - 3 se dirige al lateral opuesto y puede recibir también de 1.

7.

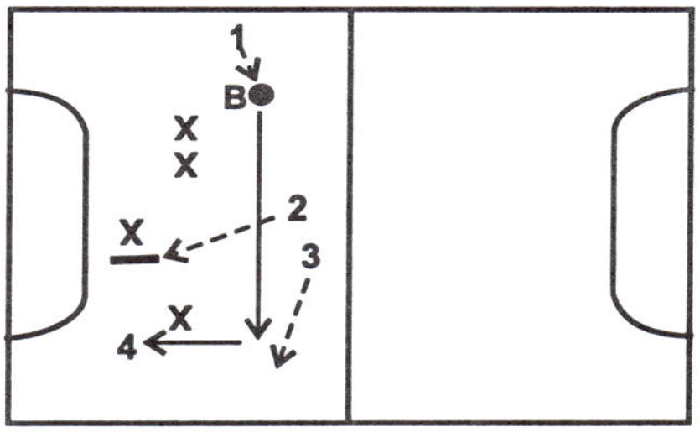

A la orden arbitral, 2 va y hace pantalla a X, 3 se dirige al lateral y 1 llega al balón, pasa a 3, este pasa a 4 quien remata al arco aprovechando la pantalla de 2.

LANZAMIENTO DE ESQUINA Y LATERAL

8.

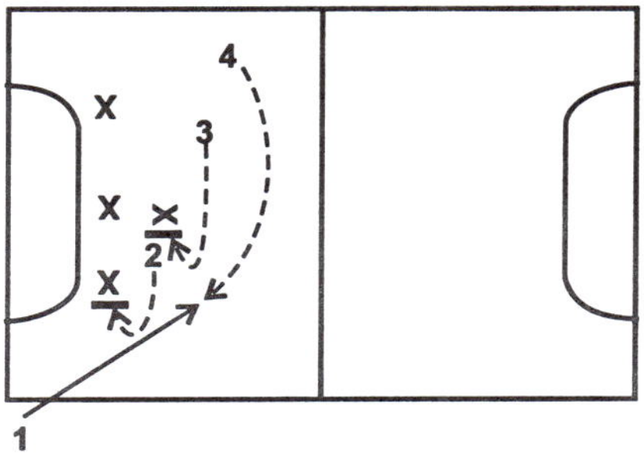

A la orden arbitral, 2 va y hace pantalla a X ; 3 hace el mismo movimiento con otro X y 4 jugador zurdo, aparece por el lateral a recibir el cobro de 1 y remata al arco.

9.

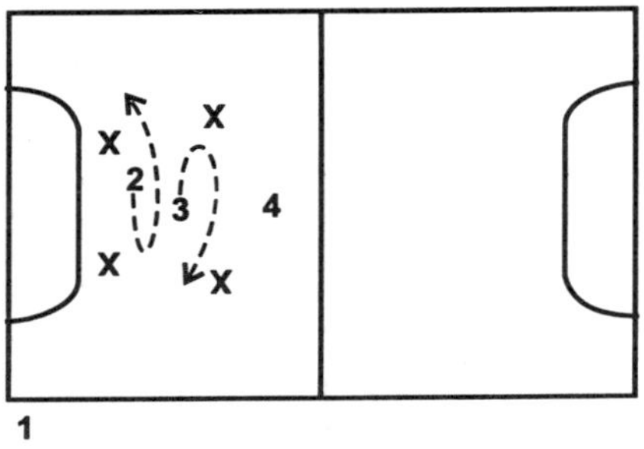

2 y 3 se ubican en la zona del punto penal. A la orden arbitral, 2 amaga hacia el balón y se dirige hacia el lateral opuesto; 3 amaga al lateral opuesto y se dirige luego a la zona del balón. 1 cobra a 3 o a 2 ; la última opción es 4 quien efectúa el balance defensivo.

SAQUE INICIAL

10.

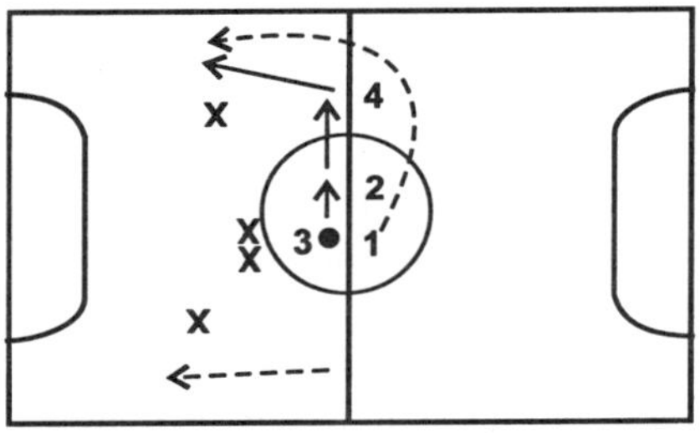

A la orden arbitral 1, jugador derecho, pasa a 2 y pasa por la espalda de 4 a ocupar el lateral derecho. 4 recibe de 2 y pasa a 2 - 3 sube por el lateral izquierdo, 4 acompaña por el centro y 2 hace el balance defensivo.

FALTA SIN BARRERA

11.

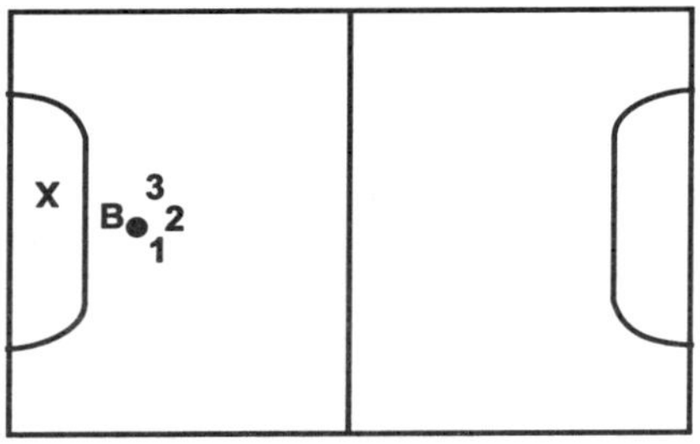

A la orden arbitral el 1 amaga pegarle al balón y pasa por encima, luego pasa el 2 y efectúa un movimiento de retroceso y llega a 3 y le remata al arco.

Editorial Kinesis

ENTRENAMIENTO TÁCTICO

Es la manera por medio de la cual se procura dar al equipo el entrenamiento colectivo necesario respecto a los sistemas de juego. Este tipo de entrenamiento tiene por objetivo el habituar y acostumbrar a los jugadores a realizar determinadas jugadas de defensa y ataque buscando sorprender al adversario durante el juego.

FORMAS DE ENTRENAMIENTO

TÉCNICO – TÁCTICO

A través de este tipo de entrenamiento se procura realizar una parte o toda una jugada de ataque (esquema táctico), con la finalidad de perfeccionar el movimiento de la jugada esquematizada con las técnicas exigidas (pases, remate, etc.). Citamos a continuación algunos ejemplos de entrenamiento técnico – táctico, extraídos del propio contenido de los esquemas tácticos presentados en esta obra anteriormente.

1.

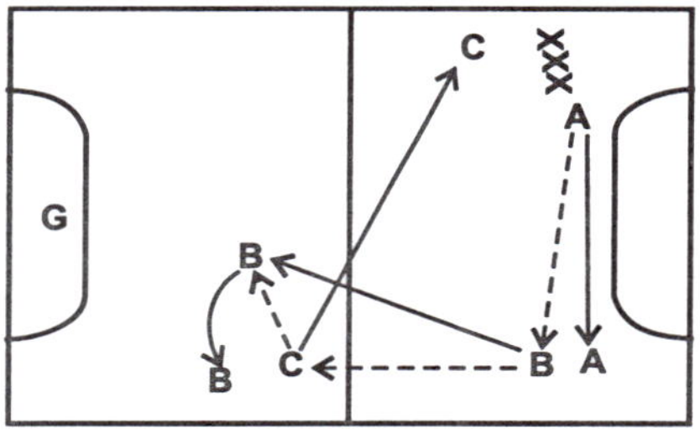

A toca el balón a B, este pasa en paralelo a C y penetra por el medio para recibir el balón nuevamente de C y remata a gol. Enseguida A ocupa la posición de B. B después de rematar ocupa la posición de C, y C entra al final de la columna en donde se inicia el ejercicio.

2.

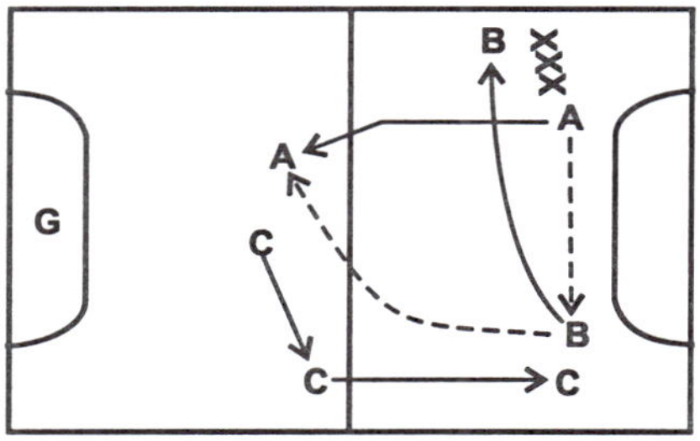

A toca la bola para B y sale al frente penetrando por medio del campo de juego. Al tiempo que B recibe el balón, C se abre hacia el lateral y B efectúa un pase por elevación a A que remata a gol.

Enseguida A ocupa la posición inicial de C, C ocupa la posición de B, y B entra al final de la columna para iniciar el ejercicio.

3.

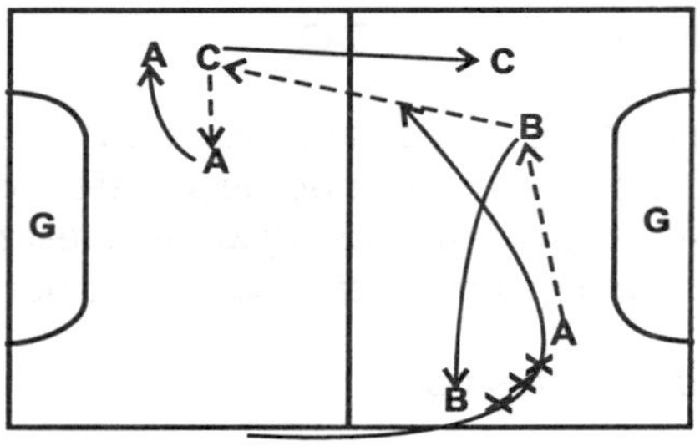

A toca el balón para B, este hace un pase para B en paralela, al mismo tiempo que A pasa por detrás de B para llegar a recibir el balón de C y rematar a gol.

Enseguida, A ocupa la posición de C, C ocupa la posición de B, y B entra al final de la columna en donde se inicia el ejercicio.

4.

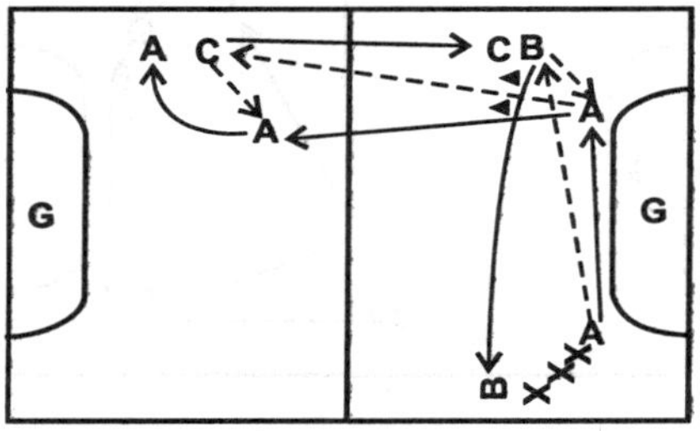

A toca el balón a B, este retiene y espera la aproximación de A para devolverle el balón.

A hace un pase a C, pasando el balón entre los dos conos. C prepara el balón para A que penetra en velocidad para rematar a gol.

Enseguida A ocupa la posición de C, C ocupa la posición de B y B entra al final de la columna en donde se inicia el ejercicio.

5.

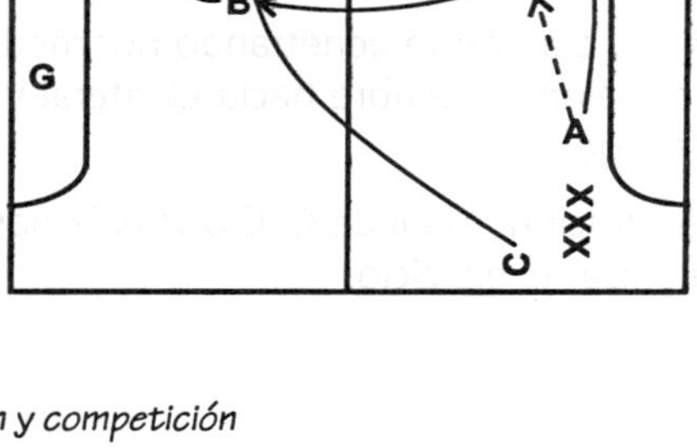

Editorial Kinesis

A toca el balón para B este retiene y aguarda la aproximación de A para devolverle el balón próximo al lateral. A efectúa un pase en paralelo a C, al mismo tiempo que B penetra por el medio para recibir de C y rematar a gol.

Enseguida, A ocupa la posición de B, B ocupa la posición de C y C entra al final de la columna en donde se inicia el ejercicio.

6.

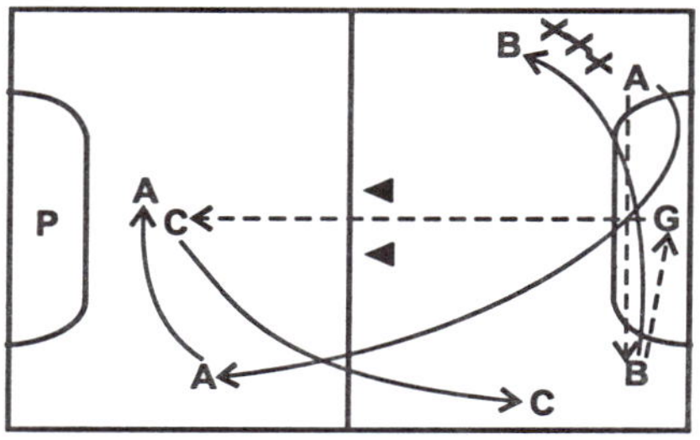

A toca el balón para B y efectúa un movimiento hacia el lateral izquierdo, B devuelve el balón al portero y sale para el lateral derecho. El golero efectúa un lanzamiento a C por el medio del campo de juego, haciendo pasar el balón por el medio de los dos conos. C prepara para A quien remata a gol.

Enseguida, A ocupa la posición de C, C ocupa la posición de B, y B entra al final de la columna en donde se inicia el ejercicio.

FRACCIONADO

Bastante semejante al entrenamiento técnico – táctico, consiste en la realización fraccionada de esquemas tácticos, o sea, dividir el esquema en partes buscando que los jugadores se familiaricen bien con el mismo y al mismo tiempo perfeccionarlo. Por ejemplo: primero son ejecutados los pases y movimientos de los jugadores en el sector defensivo, enseguida se une la primera parte con la segunda que son las incursiones ofensivas en la defensa contraria y los pases al pívot haciendo llegar el balón al sector ofensivo y complementando la jugada ejecutando la fase final que es la conclusión de la misma rematando el balón contra la meta adversaria procurando el gol.

Es realizado en forma de juego y los jugadores que efectúan la jugada esquematizada deben ser marcados en donde los defensores pueden robar el balón, dependiendo del estado de evolución ya alcanzado.

CONTROLANDO EL NÚMERO DE TOQUES DE BOLA

Este entrenamiento es realizado en forma de juego y tiene como objetivo el perfeccionar el movimiento del balón a velocidad y cambios de posición rápidas en busca de espacios vacíos. En este trabajo prima la técnica del pase, al tiempo que se despierta la vivacidad en los jugadores, sus reflejos y la capacidad de tornar el juego más rápido.

- Dos toques:
    a. Sin parar el balón.
    b. Libre en el sector defensivo y dos toques en el sector ofensivo.
    c. Se puede dar un tercer toque con el fin de rematar a gol.
- Un toque:
    a. Libre en el sector defensivo y un toque en ataque.
    b. Dos toques en el sector defensivo y un toque en el ataque.
    c. Se puede dar un segundo toque en caso de interceptar un pase del adversario.
    d. Se puede dar un segundo toque con el fin de rematar a gol.

CON TRES EQUIPOS

Consiste en colocar tres equipos compuestos de tres jugadores cada uno, situados dos en cada zona defensiva y el tercero en la mitad de la cancha. Los porteros fijos en cada arco. El entrenamiento se inicia con el equipo del centro -B- atacando al equipo A, procurando efectuar pases, cambios de posiciones, incursiones y remate a gol. Cuando el equipo B remata a gol o pierde la posición del balón, se invierten las funciones, esto es, el equipo A, que defendía, pasa a atacar al equipo C, en tanto el equipo B ocupa la posición del equipo A para después defender el ataque del equipo C.

Variaciones:

a. Controlar el número de toques del balón.

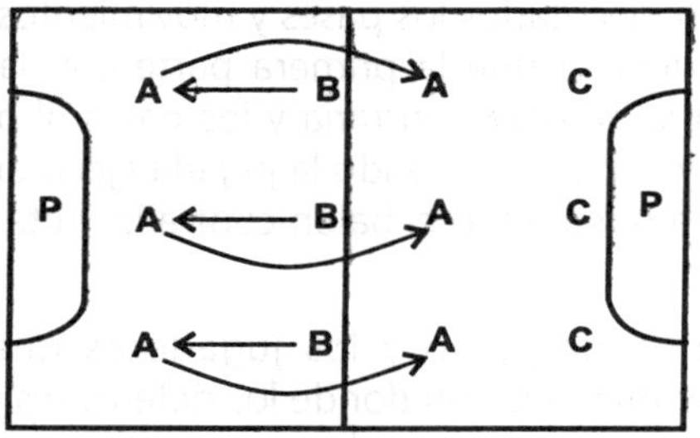

b. El equipo atacante efectúa marcación al perder el balón, ejerciendo una presión sobre los adversarios procurando no dejar que los mismos traspasen la línea central del campo. Si lo anterior sucede se dejará libre al adversario para que ataque al otro equipo.

MARCACIÓN – DEMARCACIÓN

Entrenamiento realizado en forma de juego que busca, por un lado, hacer que los jugadores de un equipo se adapten a la marcación hombre a hombre a presión en todos los sectores del campo, procurando impedir que el jugador al cual se está marcando, consiga participar en las jugadas de su equipo, recibiendo o tocando el balón con espacio y libertad. Un detalle importante que debe ser tenido en cuenta cuando se efectúa la marcación hombre a hombre es que se mira pero no se voltea hacia la posición del balón y sí para el jugador que se está marcando (presión total).

Visto desde otro ángulo, tiene por objetivo hacer que los jugadores del equipo que posee el balón se despeguen de la marca, procurando a través de cambios de posición rápidas y de direcciones, ganar un espacio que les permitan un pase con facilidad y de esta forma la evolución de las jugadas para su equipo. Entre tanto, es importante hacer notar que todos los jugadores deben moverse constantemente en busca de un espacio para recibir el balón en condiciones favorables de proseguir la jugada. Otro aspecto importante y con referencia al movimiento, consiste en mantener la cabeza erguida lo cual facilitará al jugador encontrar los espacios necesarios, no entrando en áreas congestionadas.

Variaciones:

- Con porteros fijos jugar:

  a. 1 contra 1;

  b. 2 contra 2;

  c. 3 contra 2;

  d. 3 contra 3;

  e. 4 contra 3;

- Variaciones buscando exclusivamente la marcación:

  a. Ejercer marcación a presión solamente sobre los jugadores que están sin balón imposibilitándolo para recibirlo.

  b. Marcar solamente al jugador que se ha indicado. Ejemplo: A debe marcar solamente a B y viceversa.

- Variaciones buscando desmarcación y evolución de las jugadas:

  a. Un jugador debe ser "pívot" en todas las jugadas. Debe estar siempre bien colocado para recibir el balón. Al tocar el balón debe moverse para recibir de nuevo. Cuando no recibe, se coloca nuevamente en posición de recibir de quien domina.

  b. Hacer que todos los jugadores cumplan la función de pívot.

  c. Todos los jugadores deben moverse constantemente, sin parar, en cuanto el balón esté en juego.

Finalidad: Habituar los jugadores a tocar el balón e inmediatamente colocarse en posición privilegiada para recibir nuevamente.

COLECTIVO

Es el juego propiamente dicho, que efectuado después de los trabajos descritos anteriormente es realizado buscando dar un retoque final a los sistemas y esquemas tácticos del equipo. Es a través del entrenamiento colectivo que el equipo consigue mejorar su conjunto y podrá ganar el juego. En este tipo de entrenamiento el entrenador podrá realizar algunas interrupciones con la finalidad de hacer claridad, y cambios o adaptaciones con el fin de perfeccionar los esquemas tácticos que serán utilizados en un partido.

LA INCORPORACIÓN DEL PORTERO AL ATAQUE

En el último año el fútbol de salón ha sufrido algunos cambios en su reglamentación, como la incorporación del portero a jugar fuera de su área hasta la mitad del campo de juego. Esta variación en el reglamento, ha llevado a los porteros a cambiar su manera de actuar y de entrenar, de modo que muchos han tenido que aprender a jugar con los pies. En el aspecto defensivo muchísimos porteros se han adaptado a los cambios y han sacado provecho de los mismos.

Así, ahora el portero evita muchos uno contra uno al actuar como "libre" o "cierre" y salir del área para realizar la cobertura a un hombre al que han desbordado o al que le han ganado la espalda.

Por otra parte, ésta modificación reglamentaria ha llevado a muchos equipos a lanzarse completamente al ataque como último recurso cuando van perdiendo y el partido está a punto de finalizar.

Son muchos los equipos que llevan esto a la práctica ante una situación desesperada, pero muy pocos los que lo entrenan. Por está razón, en muy pocas ocasiones se ha sacado ventaja de esta superioridad numérica en ataque.

Cada técnico de acuerdo a su filosofía de trabajo dispondrá del portero en función de ataque, variando la posición de este para lograr los objetivos propuestos por el entrenador.

Como una muestra de la variabilidad del trabajo del portero en ataque, quiero mostrar una forma de atacar utilizando al portero.

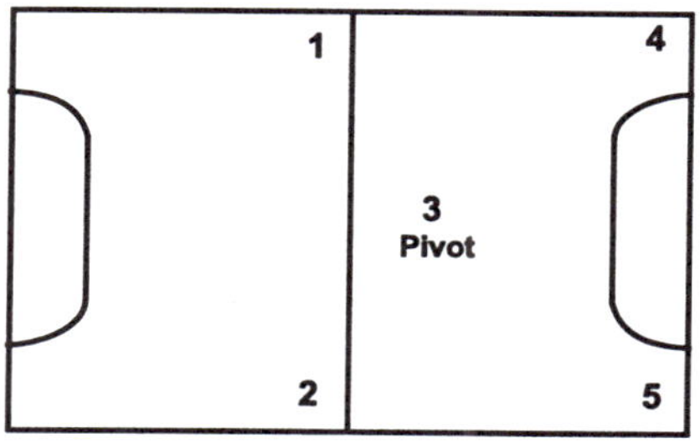

En la final de la liga profesional de Venezuela del 2002 y a falta de dos minutos para la conclusión de uno de los partidos del play-off final, el equipo que yo dirigía, Trujillanos de Valera perdía 3 x 2 y en ese momento solicité un tiempo muerto para explicar la forma de jugar: Uno de mis mejores "pasadores" de campo se enfundó la camiseta de portero y se incorporo al ataque, para dejar de nuevo actuar al especialista bajo los palos cada vez que su equipo perdía el balón.

Esta forma de ataque consiste en colocar a los cinco jugadores formando un cinco -5- típico de los dados de azar, donde el jugador del medio ejerce de pivote.

Con éste modo de jugar pierde importancia el hecho de rotar, puesto que de lo que se trata es de aprovechar una superioridad numérica ya ganada. Se hace importantísima la velocidad de desplazamiento de balón y el aprovechamiento de los balones que consiguen llegar o bien a pívot, o bien a los dos jugadores que se sitúan al lado de la línea de fondo, disponiendo de una ocasión clara de gol. Es trascendental el acabar las jugadas siempre, evitando perder el balón a toda costa, ya que la portería queda completamente vacía y una perdida del balón supone un gol seguro que acabaría de definir el partido para el adversario.

Con esta disposición táctica existe siempre al menos un triángulo con el jugador que tiene el balón, de modo que dispone de dos líneas de pases seguras y de una más que probable (Sistema 2-1-2). El jugador que más puede sorprender es el pívot, ya que dispone de cuatro líneas de pase, además de la posibilidad de rematar, razón por la cual se hace muy difícil para la defensa la posibilidad de tapar todas las líneas de pase si el balón corre a un velocidad aceptable.

Variante 3-2:

Con el fin de abrir un poco la defensa cabe la posibilidad de iniciar la jugada con un 3-2, de manera que los pases horizontales no son tan largos y por lo tanto son menos susceptibles de ser interceptados. De esta forma éste ataque gana en seguridad, pero sin duda pierde capacidad para crear ocasiones ante la ausencia definida de un pívot, lo cual se puede corregir haciendo una entrada cada vez que recibe uno de los pivotes más adelantados. De éste modo se crea una nueva línea de pase en el centro y un espacio importante que pueda ser aprovechado por una segunda entrada.

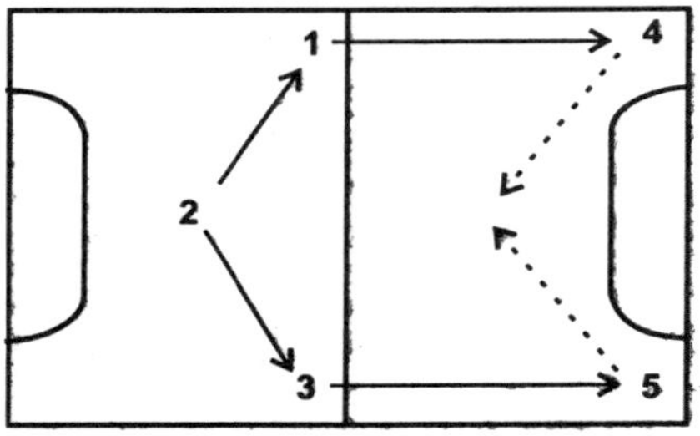

Esta forma de atacar requiere aún de más análisis y entrenamiento de todos los equipos, discutiendo igualmente la mejor manera de defender éste ataque, ya que considero que no es tan sencillo debido a la inferioridad numérica y al gran número de líneas de pase posibles, quedando ambos temas abiertos para posibles sugerencias.

Salidas de presión:

De un tiempo para acá, el fútbol de salón se viene caracterizando por un creciente uso sistemas de presión en ¾ del capo de juego que busca dificultar la progresión del equipo rival en su objetivo de ganar la portería contraria, cerrando sus espacios y buscando provocar el error la más cerca posible del portero adversario a través de una "compresión" al rival. Por eso, con tales sistemas, la batalla por conseguir un espacio libre en el menor tiempo posible, con el objetivo de establecer nuevas líneas de pase se convierte en esencial para conseguir desbaratar tales sistemas de presión.

Es por ello que, ante el poco tiempo que posee el jugador para actuar sobre la triada percepción – decisión - ejecución, debido a la presión del adversario en cercanía de nuestra portería, el uso de situaciones predefinidas que ayuden al jugador sobre la base de unos movimientos previstos, y su entrenamiento se convierte en elemento esencial en la preparación de cualquier equipo.

En toda salida de presión, los movimientos han de ser rápidos, concisos y dotados de la mayor economía posible.

Esto es: mínima conducción, pases rápidos a uno ó dos toques, mucha movilidad sin balón y máxima precisión en los pases.

Para realizar esta tarea debemos tener muy claro los conceptos siguientes:

- Desmarques:
  a. De apoyo
  b. De ruptura
- Profundidad
- Densidad

Para un correcto manejo de rompimiento de la presión, es preciso que se combinen de manera inteligente los desmarques de apoyo y ruptura en función de los espacios libres que nos deje el equipo contrario en su presión. Esto implica que:

- Los primeros apoyos han de ser los mas cercanos al balón, acortando al máximo posible las líneas de pase, incluso buscando los 2x1 en zona;
- En función de que el espacio libre no haya podido ser conseguido en corto, buscaremos desmarques de ruptura para ganar el espacio que habrá dejado el adversario a sus espaldas, buscando siempre que el poseedor del balón tenga un mínimo de 2 apoyos en corto, para buscar una triangulación fácil.

En cuanto a la profundidad de líneas de presión contraria (porque en función de ella será como podamos hacer daño en la salida de presión):

- A mayor profundidad en las líneas, mayores serán los espacios para recibir entre líneas;
- A menor profundidad, mayor posibilidad de buscar los espacios largos a la espalda mediante desmarque de ruptura.

En cuanto a la densidad:

- Cuantos más jugadores se acumulen en el centro, menos espacios encontraremos allí para buscar la transición y el juego entre líneas, debiendo jugar por los laterales del campo;
- Sin embargo, cuanto más abierto nos dejen el centro mayor posibilidad tendremos de ubicar a un jugador entre sus líneas para dividir entre zonas.

Salida 2-2

En éste tipo de salida tendremos que partir de un presupuesto básico.

Los dos jugadores de primera línea estarán bien abiertos, incluso pegados al ángulo de corner, para hacer más grande la cancha.

Los dos jugadores de segunda línea estarán también abiertos, pero con cierta moderación dado que posteriormente van a tener que acercarse a acortar líneas de pase.

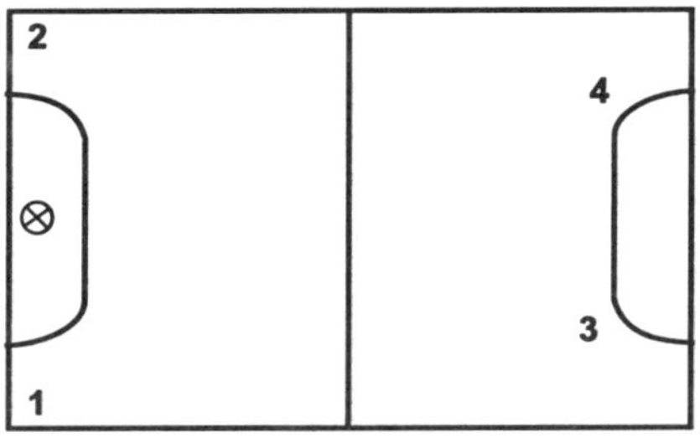

1-2: primera Línea 3-4: segunda línea

En esta situación ponemos al equipo contrario en una duda: Cerramos el espacio del centro en la presión, evitando que reciban los jugadores de segunda línea y así forzar que el equipo atacante juegue el balón lo más cerca posible. O por otro lado, abriremos nuestra defensa, presionando directamente a los dos jugadores de primera línea de salida de presión, forzando el saque del portero a uno de los dos jugadores de la segunda línea, confiando en la capacidad de anticipación de nuestros defensores e incluso en nuestra capacidad de repliegue y ahogo del jugador que recibe el balón de espaldas.

En caso de que el portero efectué el lanzamiento hacia cualquiera de los jugadores que están en primera línea de salida de presión, la manera de darle dos apoyos cercanos será la siguiente:

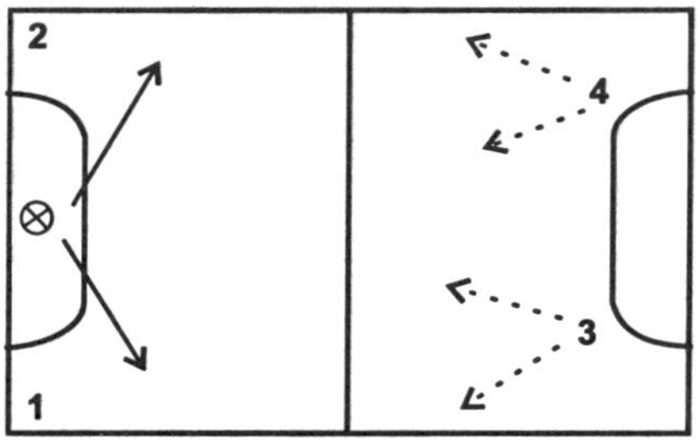

El jugador de segunda línea en el mismo sector, buscara, mediante finto previa, acercar una línea de pase en paralelo al poseedor del balón. El jugador de segunda línea del sector contrario se acercará a dividir entre líneas consiguiendo hacer 2x1 en zona.

Tendremos establecidos así dos triángulos la salida del balón:

- Jugador poseedor – paralelo - jugador que divide;
- Jugador poseedor - jugador que divide - jugador en el sector contrario.

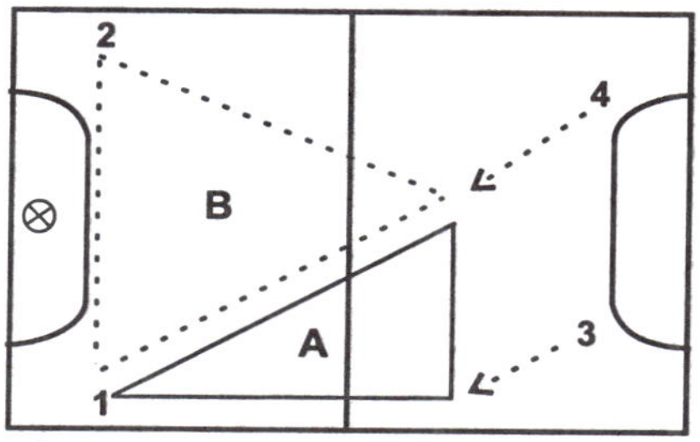

A *Triángulo de salida*

B *Triángulo de salida*

Este último movimiento de creación de superioridad en la zona de balón es muy importante para seguir creando dudas entre la línea de presión del equipo adversario. Si los jugadores que presionan no cierran centro, el jugador que divide puede recibir cómodamente, habiéndose sacado la marca previamente mediante una finta, e incluso puede girarse e iniciar un 3x2. En este caso, hay dos posibilidades: Que el jugador que divide se haya sacado la marca y pueda recibir en corto, para girarse o para volver a jugar a cualquiera de los dos apoyos en primera línea; o que el defensor del jugador que divide le siga y le haga la marca muy cerca impidiéndole la maniobra fácil. En tal caso, lo que aprovecharemos es el espacio libre que el jugador ha dejado a su espalda.

Salida 3 – 1

Esta es otra variante que tenemos ante la presión del equipo adversario. A diferencia de la salida 2–2, donde el movimiento de superioridad 2x1 en zona de balón se ejercía con el jugador que venia a dividir desde atrás, aquí tal movimiento ya se crea desde su principio.

En esta salida, comenzamos con tres jugadores en primera línea dejando solo un pívot en segunda. Preferiblemente, el pívot ha de comenzar en el centro y antes de o de una vez realizado el lanzamiento moverse hacia derecha o izquierda en función de lo que se quiera buscar.

En este caso tendremos dos opciones: El pívot se mueve a línea de pase con el balón en paralelo y deja el espacio a la diagonal para que el poste busque llenar este vacío, pudiendo el paseador del balón ejercer las dos opciones:

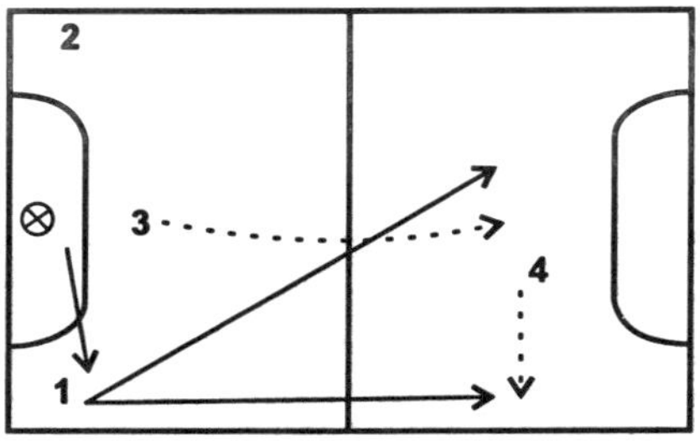

La otra opción también puede darse: Intentar buscar el pívot a la diagonal, siendo el poste el que gane en paralelo en un movimiento previo sin balón.

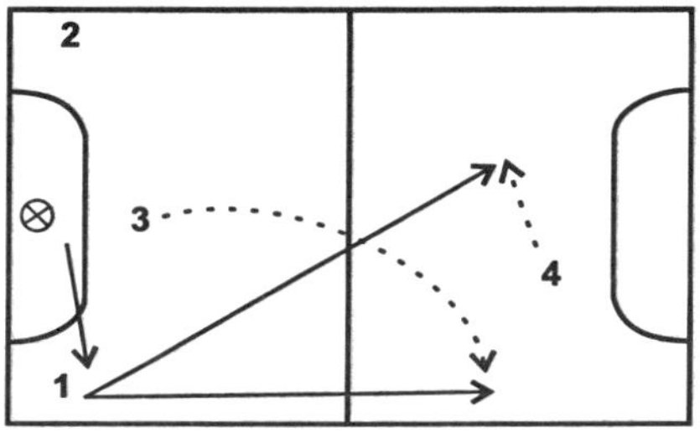

En cualquier caso, el movimiento del jugador poste es de vital importancia para ganar él mismo un espacio en el desmarque largo, caso como la diagonal o el paralelo mismo que acabamos de explicar: Para ganarse un espacio en el desmarque corto creando superioridad 2x1 mediante una finta (En caso de que se haya sacado la marca con efectividad) o, mediante un movimiento sin balón y jugar con la anticipación en la búsqueda del espacio libre (Esto en caso de que le estén presionando muy encima, o de que lo estén tapando la línea de pase).

Como hemos visto, la salida de presión se convierte en el momento en el que la disputa Espacio- Tiempo se desarrolla de manera más necesaria si cabe, donde no existe ni lugar ni tiempo para el error. Todos los movimientos han de ser rápidamente pensados y ejecutados, siempre con el objetivo de ganar un espacio libre para poder abrir una línea de pase – a nosotros mismos o a otro compañero - o permitirle a otro compañero que lo gane él.

A continuación damos algunos ejemplos de movimientos estratégicos más complejos que se basan en los sistemas 2x2 y 3x1 para desarrollar opciones tácticas diferentes.

Movimientos Estratégicos 2 – 2

1. Movimiento con bloqueo sobre primera línea de presión cerrada:

En esta jugada, observando que tenemos la primera línea de presión muy cerrada en el centro tapando una posible línea de pase a pívot, podemos optar por ganar unos metros por medio de un "bloqueo" ó "cortina" del jugador (A), cayendo (B) a la espalda del bloqueo lo suficiente para ganar la línea de pase (luego de haberse sacado la marca con una finta) y mirar de hacer control orientado, lo que nos da la posibilidad de 1x1 de (B), 2x1 ó 2x2 con la continuación del bloqueo de (A), e incluso 3x2 con la ayuda de (D).

Es importante resaltar que (A) sea el encargado de realizar el balance defensivo en previsión de un posible robo, con la ayuda rápida de (C) quién realiza un pliegue intensivo y aposicional.

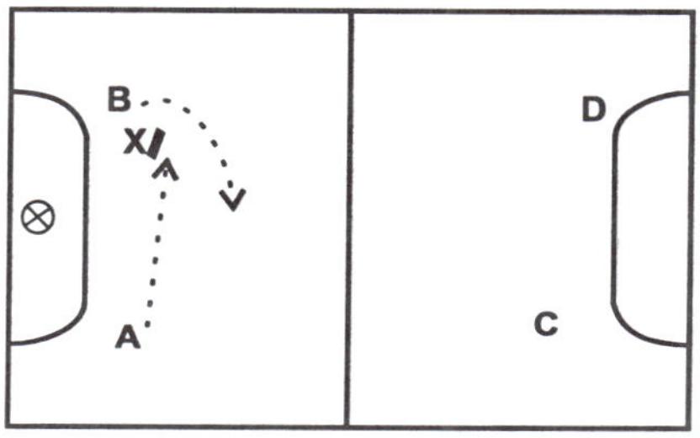

En éste primer movimiento también se puede incluir una variante – bloqueo de (D) sobre el defensor de (C), cuyo movimiento nos serviría para que (C)ganará la espalda y así tener la opción de pase a la carrera de (C) bien por medio del lanzamiento del portero, o a pase de (B) tras haber recibido del portero.

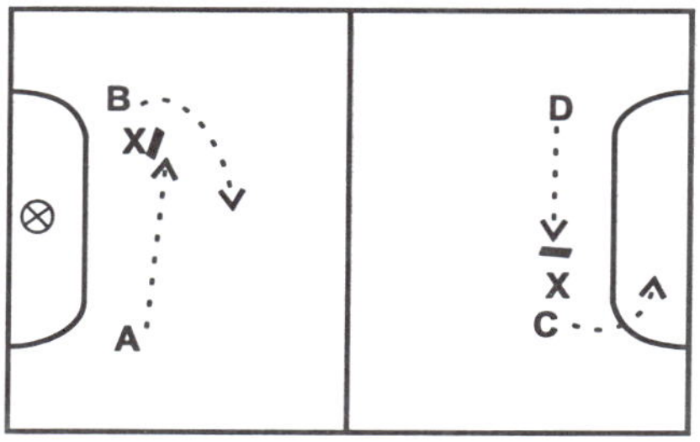

2. Movimiento con bloque para ganar la espalda sobre defensa abierta:

Esté movimiento se ejecutaría en el caso contrario al anterior, es decir, con la defensa presionarte abierta, en un marcaje individual. Para ello contaremos con el bloque como arma para ganar la espalda a la defensa y jugaremos con el lanzamiento largo del portero.

3. Intercambio de pívots (con opción a bloqueo en el cruce)

Aquí también trabajamos sobre defensa presionante abierta e individual. Los jugadores (C) y (D)se cruzan arrastrando a sus respectivos defensores, previa finta para ganar unos segundos en la recepción del lanzamiento. Existe la posibilidad de hacer un bloque por parte de uno de los dos jugadores.

4. Movimientos circulares

En esta jugada, todos los jugadores se desplazan a su derecha, izquierda o en diagonal, según se decida. La idea es una permuta de posiciones entre todos los jugadores para crear una incertidumbre en el cambio de marcas del equipo rival.

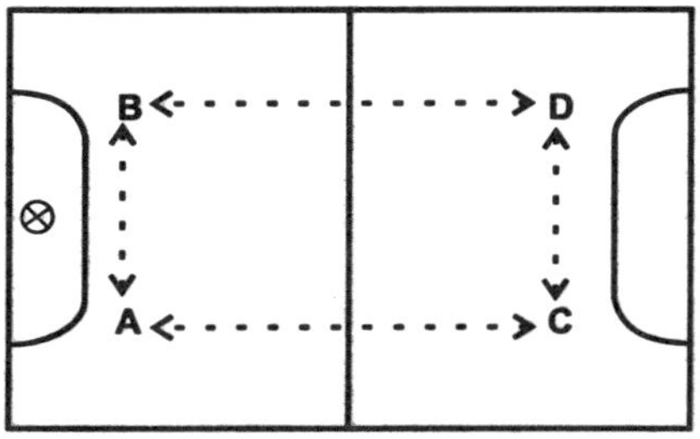

Opción 1

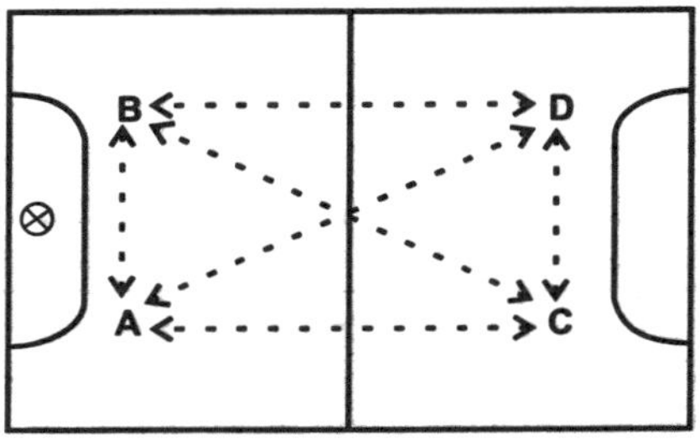

Opción 2

Podemos incrementar la duda en el movimiento haciendo que (C) en su permuta reciba justo en el centro. Así, al ubicar el balón en el centro, creamos la duda sobre los dos primeros jugadores de presión en cuanto a quien tiene que salir a marcar, y por lo tanto crea también la duda al resto de jugadores en la fijación del resto de marcas.

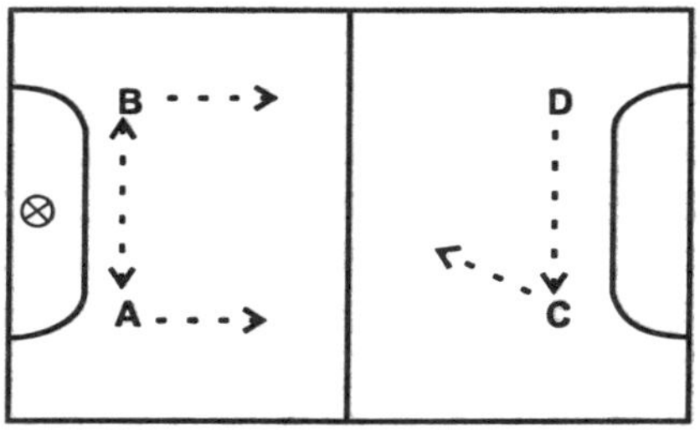

5. Salida en L.:

Es una variante posicional de la salida 2x2, pero termina con los movimientos típicos de esta salida.

La primera secuencia es un movimiento de (C) para dividir entre líneas. Se saca siempre al lado del jugador cuya banda esta libre. Una vez recibido, (A) puede dar en primera instancia a (C) que está dividiendo. Si esa línea de pase esta tapada, (C) inmediatamente va al sector o puesto a tratar de recibir allí.

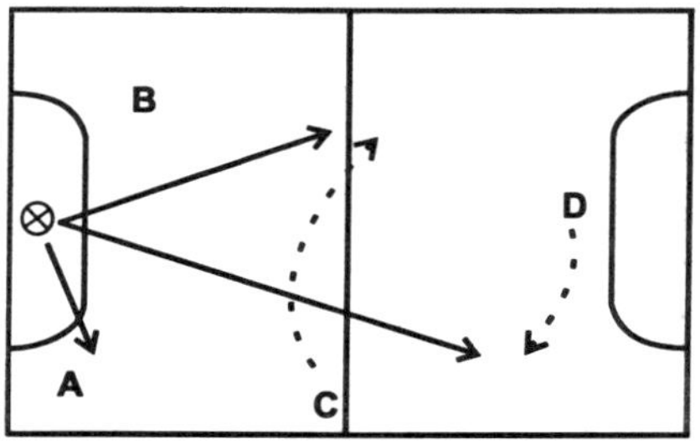

Editorial Kinesis

El segundo movimiento de la jugada se inicia una vez visto que (C) no ha podido recibir ni mientras dividía, ni cuando ha salido a recubrir al sector opuesto. Entonces, el movimiento lo inicia (D) que vendrá a dividir y a tratar de recibir. En caso de que el defensor de (D) le siga, se habrá a creado un espacio para la diagonal larga de (C), ganando la espalda para recibir en paralelo o del lanzamiento del portero.

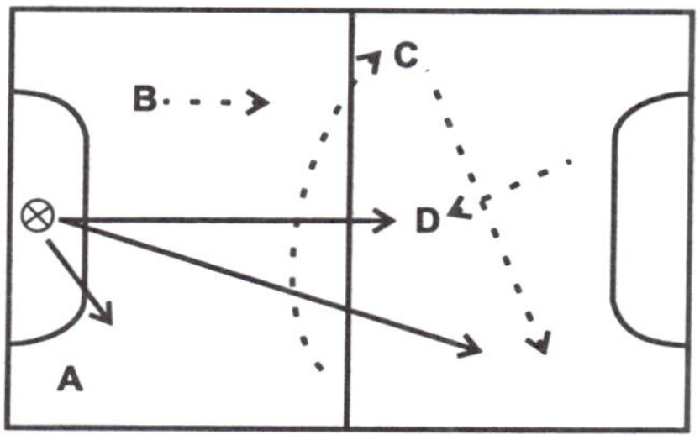

6. Salida en Y:

Es otra variante posicional del 2x2, y cuyo trabajo y objetivos son similares a la salida en L: movimientos en paralelo de (C) o (D), división de uno de los dos jugadores y alternancia en las funciones de ambos y acompañamiento de (A) ó (B).

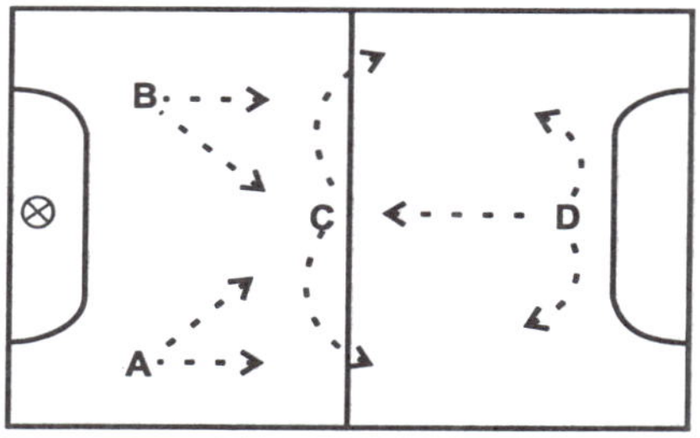

7. Movimiento de 3 permutas con bloqueo.

Este es un movimiento algo complicado por lo que la compenetración entre compañeros es fundamental.

Aquí trabajamos sobre diferentes opciones, que varían en función del tipo de defensa (zonal ó individual) del equipo contrario, los espacios ganados, la efectividad de los bloqueos. Por ello, tendremos una serie de opciones:

a. Pasar a la diagonal de (C)
b. Pasar al desmarque de (B)
c. Pasar a (A) para que pueda pasar en paralelo a (C), a la diagonal de (B), en largo a (D), o a la continuación del bloqueo de (D) (que estará dividiendo entre líneas).

Estos son algunos movimientos que podamos poner en práctica con el sistema de salida de presión 2x2. Por supuesto, hay muchos otros que cada técnico en su trabajo diario con los respectivos equipos, programará y diagramará en el campo de juego para poner en práctica en los campeonatos en los que participe.

Movimientos estratégicos en la salida de presión 3x1.

Este tipo de movimientos constituyen la continuación de otros relacionados con las salidas de presión. Salidas 2-2 y 3-1 y movimientos estratégicos para las salidas de presión 2x2.

1. Movimiento básico

En éste movimiento la salida de presión se inicia por medio de la creación de un espacio por (B), por medio de una entrada sin balón a la diagonal. Si (B) consigue ganar la espalda, podemos salir con lanzamiento directo del portero, o por medio de balones largos de (A) a la diagonal, o de (C) al paralelo.

En caso de que no se consiga ganar el espacio, y por tanto abortada la posibilidad de recibir en largo, trabajará una variante: El jugador (B) hará una finta al largo y se quedará en corto para dividir entre líneas, o crear una superioridad de 3x2 en primera línea de presión .

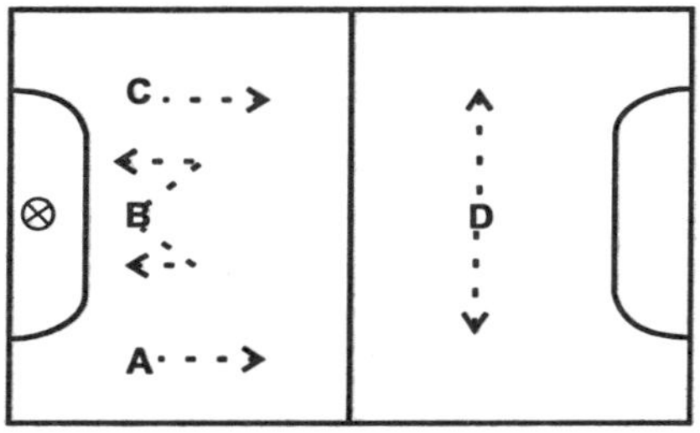

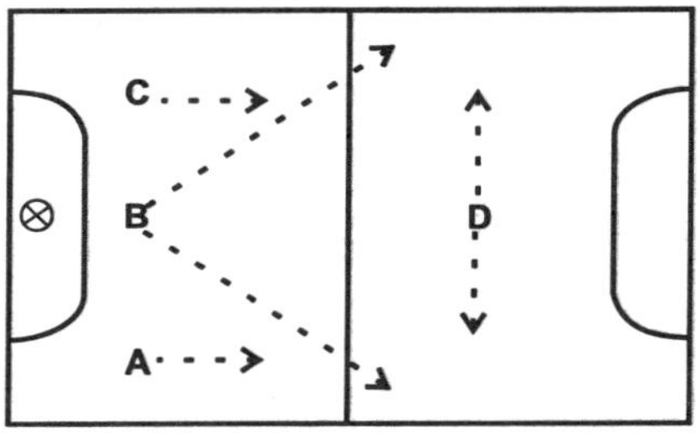

2. Abriendo el centro

En éste movimiento buscamos la apertura del centro de la cancha para jugar a nuestro jugador que divide, en esta manera, (A) amaga a la diagonal larga para ser el jugador que reciba en el centro de la cancha dividiendo; (B) inicia carrera de espaldas para abrir el campo y ocupar la posición de (A); (D) (Pívot) se va a buscar la opción en paralelo sobre el saque a (C). Por ello, se vuelve a tener la posición típica de los dos triángulos de la salida 2x2, solo que con inicio en 3x1.

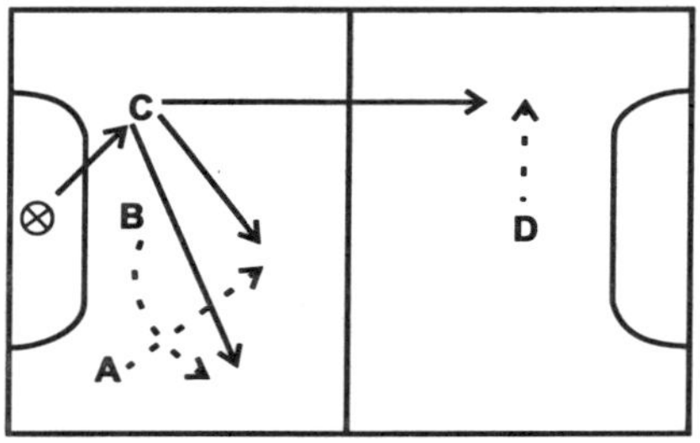

Así, vemos como sobre el saque a (C), éste puede decidir jugar a (D) en paralelo, a (A) como jugador que divide con la cancha presuntamente abierta, o en último instancia a (B) en el otro sector.

3. Movimiento a la diagonal desde banda

Este movimiento toma como base una entrada sin balón desde el lateral a la diagonal jugando con la caída del pívot a recibir el lanzamiento del portero.

(C) Inicia la entrada a la diagonal y (D) va a su espalda, lo suficiente para ganar un espacio para recibir el saque. Tras el control orientando de (D), se puede jugar al 1x1, al 2x1, 2x2 o incluso al 3x2, ocupando (B) ó (A) uno de los laterales.

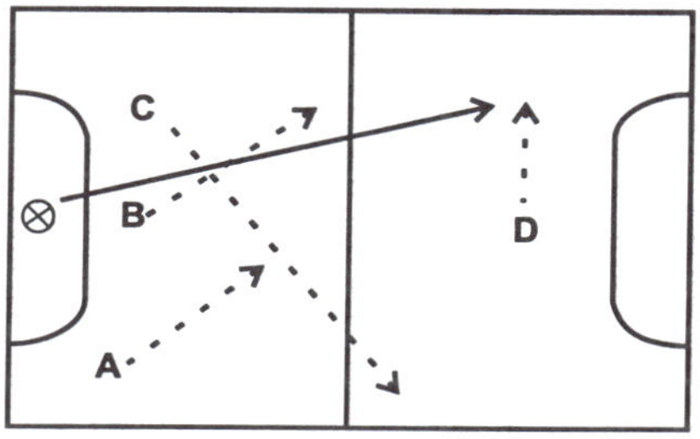

4. Movimiento sobre lanzamiento de banda

Este movimiento puede ser de ayuda en aquellos momentos en los que nos presionan en un lanzamiento de banda.

(C) saca de banda sobre el portero e inicia una diagonal cruzada para ganarse un espacio, dejando un vacío a su espalda que (D) vendrá a ocupar previa finta.

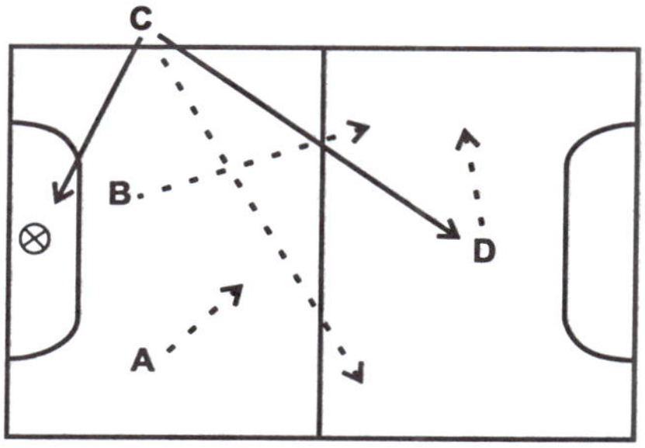

Estos movimientos son solo algunos ejemplos para el trabajo de salida de presión 3x1 con algunos movimientos estratégicos. Quiero animar a todos los técnicos de fútbol de salón añadir cualquier otro (s) que hayan trabajado.

Me gustaría dejar un tema interesante de tratar como es la posible defensa de una salida de presión de 3, teniendo en cuenta la cantidad de dudas que genera en el equipo adversario: Defendemos 3x1? No estamos dejando demasiado espacio hacia nuestra espalda? y si defendemos 2x2, no estamos dejando que el equipo adversario nos cree superioridad en la primera línea de presión? la propuesta queda para todos aquellos que quieran profundizar sobre el tema.

Sistema de 4

En los últimos tiempos las defensas de todos los equipos han ido evolucionado de tal manera que se ha hecho muy difícil conseguir un gol, el objetivo primordial del fútsal.

De igual manera, y por lógica, los sistemas de ataque han tenido que ir evolucionando para poder superar dichas defensas. Así, hoy en día existen diversas maneras de afrontar un partido en ataque y su éxito o su fracaso dependerá de la manera en que se ejecutan y del modo en que son combatidas.

La características principal de los ataques modernos es que se trata de ataques rotacionales, que requieren que todos los jugadores del equipo conozcan la funcionalidad de los diferentes posiciones en el campo de juego, más aún, con la incorporación del portero a jugar fura de su área; las rotaciones son una sucesión más o menos ordenadas de desmarques de apoyo y de ruptura que tienen como fin crear un desequilibrio en la defensa contraria.

En el sistema de 4, la disposición táctica consiste en colocar los 4 jugadores en línea, estando un poco más adelantado los laterales, formando una especie de arco.

La principal ventaja que podemos observar a simple vista en la superioridad numérica que supone ante las defensas clásicas (3-1).

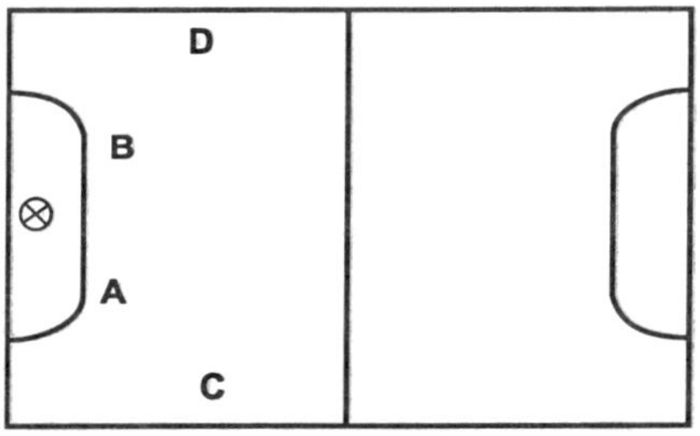

Esta superioridad comienza con el 4 contra 3 en la primera línea, pudiendo dividirlo en diversos 2x1 en las bandas y en el centro.

El objetivo final de éste sistema táctico es ganar la espalda a la defensa contraria. Para ello es necesario crear un espacio libre para poder aprovechar tras las líneas de defensores. Este espacio sólo será evidente cuando el equipo atacante es capaz de sacar al poste de su zona y colocar a la defensa en el denominado espejo: Poner a la defensa formando una línea de 4 jugadores ante la línea atacante, generando un espacio de una magnitud considerable y de fácil aprovechamiento.

Para sacar al poste de su posición inicial, es necesario realizar una serie de rotaciones en las que podemos utilizar una serie de movimientos básicos:

a. Sacar a banda: Llevar el balón a aquel jugador que está saliendo por el lateral de tal manera que el poste se vea obligado a salir para que el atacante no avance con comodidad.

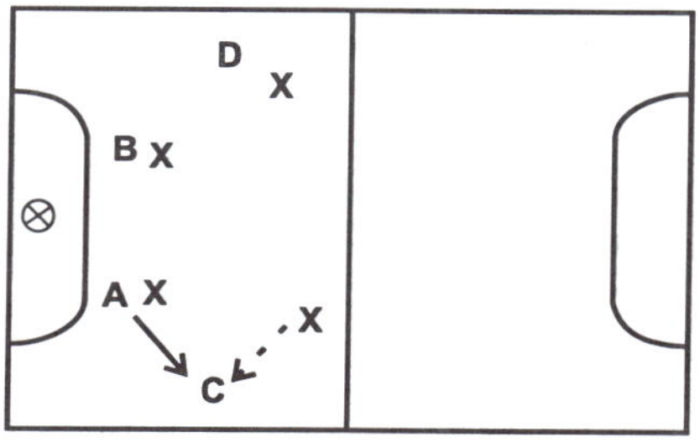

b. Dividir el pívot: Se ubica al pívot cerca de la línea de 4, lo cual obliga al poste a salir de su zona dejando mucho espacio tras él.

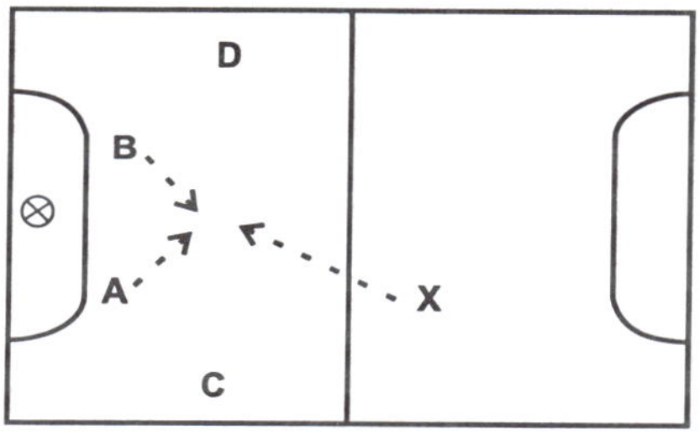

c. Dos entradas: El juego de 4 permite realizar 2 entradas simultáneas con mayor facilidad, ya que no se produce un desequilibrio posicional excesivo en ataque, debido a que aun quedan 2 jugadores atrás. Con estas dos entradas podemos generar la duda en la defensa contraria si se trata de una defensa zonal, ya que es necesaria la colaboración del lateral contrario, de la misma forma creamos un espacio evidente si se trata de una defensa individual, generado a la vez dos opciones claras de ataque.

Una vez conseguimos colocar la defensa contraria en el espacio, hemos de realizar una serie de movimientos para conseguir ganar la espalda y aprovechar el espacio creado a través de:

- Dualidad
- Media entrada
- Diagonal
- Paralelo
- Desdoblamiento o sobreposición.

Este sistema de juego también ha supuesto la no diferenciación entre las posiciones de los distintos jugadores, desapareciendo las especializaciones de los mismos en los puestos de poste, laterales y pívot, ya que en un momento dado un jugador del equipo podrá realizar cualquiera de estas posiciones, contando además con el apoyo del portero.

Como en cualquier otro ataque rotacional, el éxito estriba en la variedad, es decir, un ataque será más difícil de contrarrestar en tanto que utiliza más variedad de movimientos y busca distintos maneras de ganar un espacio y crear un desequilibrio defensivo. Así, un ataque con poca variedad se convierte en monótono y por lo tanto previsible y mucho más fácil de defender. Todo lo contrario sucede cuando el ataque realiza movimientos diversos, convirtiéndose en imprevisible y mucho más complicado para los defensores.

Invito a todos los técnicos de fútbol de salón a hacer ampliaciones sobre lo acá expuesto, ya que son muchas las líneas que se podrían escribir sobre éste tema, y al final, solo será el técnico quien decida la mejor manera de sacarle provecho a las virtudes de sus jugadores y los defectos del adversario.

PRINCIPIOS DE UN ATAQUE ACERTADO

Todo lo expuesto en este libro sobre los movimientos de un ataque, bien a través de salidas 2x2, 3x1 o de 4, tiene como base la funcionalidad y multilateridad en el trabajo de un jugador en el campo de juego para el correcto aprovechamiento de las cualidades individuales de nuestros deportistas y la creación de espacios en la defensa contraria.

A manera de resumen, a continuación describo lo que en el corazón de éste sistema he denominado los siete principios de un ataque acertado.

1. El ataque debe penetrar la defensa:

Para llevar a término el sistema, el primer paso es romper el perímetro de la defensa, a través de un Dribling, un pase o de un remate, siendo la primera opción el pasar el balón al pívot, intentar una jugada de dos contra uno ó pasar el espacio libre a un compañero quién ha hecho un previo desmarque de ruptura.

2. El ataque debe aprovechar toda la cancha

El ataque de transición empieza en la defensa. Nuestros jugadores han de ser capaces de jugar a lo largo y ancho del campo de juego y mostrar sus habilidades a ritmo de contraataque.

3. El ataque debe proporcionar el espaciamiento correcto

Este punto es crítico. Cuando se mueven por el campo de juego, los jugadores deben mantener una distancia entre si apropiada para llenar toda la cancha, dar espacio a todo el mundo para operar y prevenir que la defensa sea capaz de defender a dos jugadores con un solo hombre.

4. El ataque debe asegurar el movimiento del jugador y balón con una finalidad

Siendo todas las cosas iguales, cada jugador estará alrededor del 80% del tiempo sin balón. En éste tipo de ataque, los jugadores deberán entrenar caminos o vías a seguir en esas situaciones, así que todos se muevan en armonía apuntando a una meta común. Nuestros jugadores deberán aprender a alejarse del balón y moverse hacia espacios libres lo que le hace un jugador mucho más difícil de defender.

5. El ataque debe procurar buenas posiciones en los remates a arco y un buen balance defensivo.

En este sistema de atacar en triángulo, todo el mundo sabe a donde ir cuando hay un remate y situarse en una posición para ganar un rebote o proteger un contraataque rápido a través de un repliegue defensivo preciso y eficaz. La ubicación lo es todo, especialmente en acciones de ganar rebotes ofensivos.

6. El ataque debe dar al jugador con balón una oportunidad para pasarlo a alguno de los compañeros

Los jugadores se mueven de tal manera que el que lleva el balón puede verlos y acertar a pasárselo. Esto establece un efecto de contrapunto. Cuando la defensa incrementa la presión de un punto de la cancha, se crea inevitablemente un espacio libre en algún lugar que los defensores no pueden ver. Si los jugadores están colocados correctamente, el que lleva el balón debe ser capaz de encontrar a alguien en el espacio libre.

7. El ataque debe utilizar las habilidades individuales de los jugadores

El sistema requiere que todo el mundo sea una amenaza en ataque. Esto significa que han de encontrar aquello que hacen mejor dentro del contexto del equipo = Driblear, pasar, rematar, etc. Cada jugador debe encontrar la manera de encajar en el ataque, no importa cuales sean los recursos individuales de cada uno.

En conclusión, los principios de ataque acá expuestos se pueden describir mejor con el Tai-chi de los cinco hombres: La idea básica es coordinar el flujo de movimiento para engañar a la defensa y desequilibrarla, creando una gama de amplia de oportunidades en el campo de juego. La clave es no ir siguiendo la defensa, sino jugar con los defensores y engañarles para que se sobreexcedan. Ello significa pensar y moverse al unísono como grupo y estar profundamente atentos, en cualquier momento, a lo que ocurre en el campo de juego, ya que si la defensa intenta prevenir un movimiento, los jugadores se ajustarán instintivamente y empezarán otra serie de cortes y pases que a menudo llevan a disponer de un mejor remate. Los jugadores deberán trabajar cada partido con el siguiente lema: "Renuncio al Yo por el Nosotros"

Marcaje para el ataque de cinco

Si en el ataque de cinco, se hace imprescindible el ensayo del mismo, para realizar una buena defensa de éste ataque, debemos tener muy claro qué es lo que queremos defender y de qué forma lo vamos a realizar, ya que al ser una situación de inferioridad numérica deberemos tener presente, que el mínimo desajuste en nuestra defensa otorgará al equipo contrario una jugada de gol.

En la defensa que propongo, no buscaremos arrebatarle el balón al contrario, como primera intención, sino que debemos crear un engaño, para que ejecuten pases equivocados y podamos recuperarlo. En el ataque de cinco, lo que se busca es jugar el balón en profundidad con los jugadores de las esquinas o meter el balón al jugador que divide la zona (Pívot).

Ahí es donde comenzaremos a preparar nuestra defensa, sabiendo lo que están buscando, intentaremos que envíe el balón a una zona donde no esté tan clara la situación de inferioridad numérica, para eso debemos tener claro que al jugador que realiza las funciones de Pívot no podremos dejarle que reciba el balón, ya que esto supondría la división de nuestra defensa y para ellos implicaría un innumerable aparición de nuestras líneas de pase con los que conseguir el gol, o en su defecto, acabar la jugada con un remate a puerta y poder replegarse para defender. Defenderemos (2x2) zonal dejando "Libre" el pase hacía el jugador situado en el corner, cerraremos líneas de pase al pívot y nuestra defensa deberá bascular o flotar rápidamente en cuanto salga el pase hacia el jugador del corner.

Este es el momento en donde el trabajo en grupo nos dará la oportunidad de recuperar el balón y por supuesto darles un golpe moral, ya que si recuperamos el balón:

a. No tendrá un portero y podremos rematar directamente al arco.
b. Que un equipo defienda en inferioridad numérica y recupere el balón creará dudas en la próxima jugada de ataque;
c. El equipo contrario sufrirá una gran presión con la realización de pases arriesgados, dudas en las líneas de pase, etc.

Para que sucedan los puntos mencionados deberemos realizar una defensa de destrucción de líneas de pase y trabajar el centro de nuestra defensa tan rápido salga el pase hacia el jugador del corner, el jugador número (3) deberá cerrarle el pase al pívot, el portero cubrirá el primer palo, el jugador numérico (4) marcará al pívot y el (2) la zona del segundo palo, aunque marcando fundamentalmente la línea de pase hacia su lateral, el jugador número (1) es encargado de intentar robar el balón y de que no pueda volver a sacar hacia afuera. Si conseguimos cerrarle estas opciones, al jugador atacante, solo quedará el recurso de dar un pase bombeado a un remate contra nuestro portero, desde una posición cerrada y con pocas posibilidades de marcar.

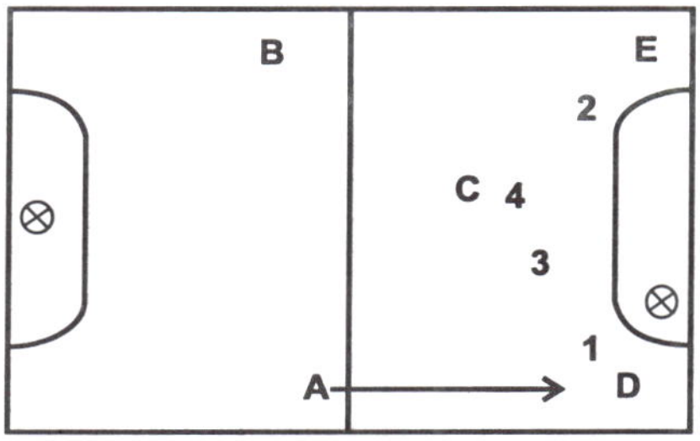

Creo que es la mejor forma de defender esta situación, ya que la opción de bombear el balón nos daría la oportunidad de bascular nuestra defensa, y nos da más tiempo para rectificar nuestras posiciones defensivas. Es un poco arriesgada, porque queda varios jugadores sueltos, aunque lejos de nuestra portería.

TRABAJOS TÁCTICOS:

Para acondicionar al jugador en su función táctica de recuperar el balón y atacar una vez lo haya ganado (Contra-ataque) y/o defender si lo ha perdido (Repliegues), es necesario emplear gran parte de los entrenamientos a ejercitar este tipo de funcionamiento táctico – estratégico, para lo cual hay una gran variedad de mecanismos para alcanzarlo.

A continuación explico una serie de ejercicios que conllevan a alcanzar el objetivo propuesto, haciendo claridad de que cada entrenador podrá incrementar muchas variantes a los mismos. Los trabajos tienen, entre otros los siguientes objetivos:

- Trabajos físicos individuales y grupales
- Trabajo técnico individual
- Rápida transición Defensa – Ataque – Defensa
- Sorpresa para recuperar y/o atacar
- Apoyos y ayudas efectivas y rápidas
- Multifuncionalidad táctica individual y colectiva
- Aplicación total de conceptos y principios defensivos y ofensivos antes explicados

1.

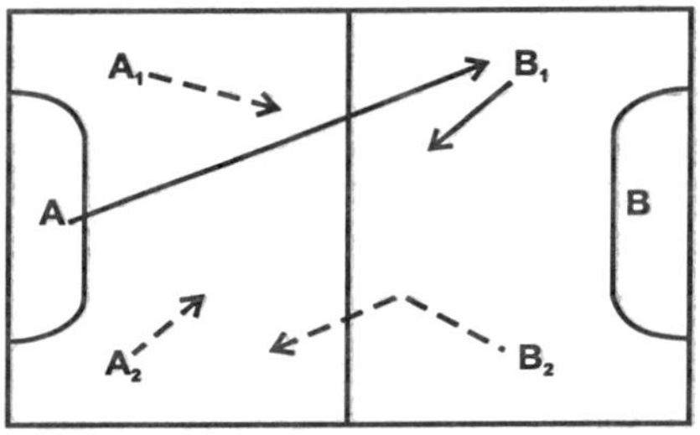

El portero A lanza a B1 ó B2, los cuales a la recepción del balón, inician un contraataque, A1 y A2 se repliegan rápidamente e inician la fase defensiva, la acción termina si el equipo A recupera el útil de juego o el equipo B define.

Variante: Si el equipo A recupera el útil de juego, la acción de cambia e inicia su respectivo contraataque.

2.

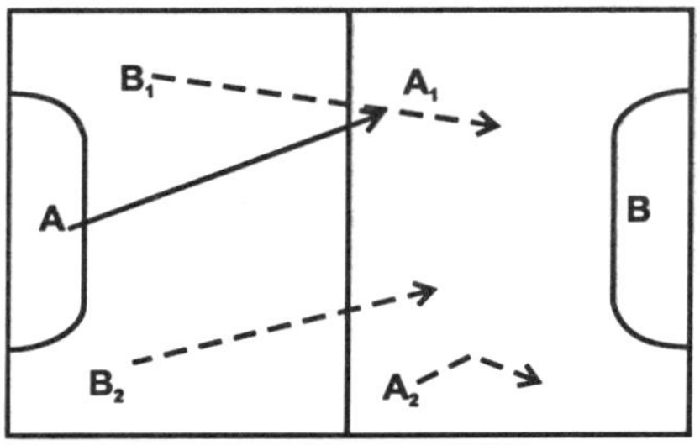

El portero A lanza a A1 ó A2, los cuales "esperan" a que B1 y B2 pasen a velocidad la línea del balón, con el fin de reducir el tiempo de la transición de ataque a defensa del equipo B.

Variante: El equipo B en B1 y B2 sale sentado, decúbito ventral, decúbito dorsal, etc.

3.

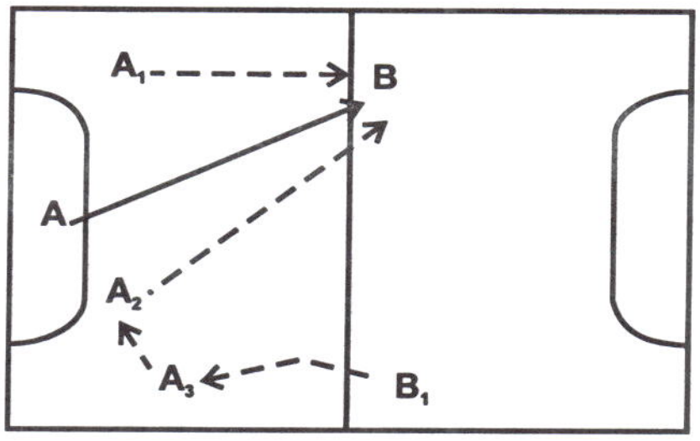

El portero A lanza a B ó B1; en caso de hacerlo a B los jugadores A1 y A2 efectúan un doblaje sobre el primero y A3 realiza un cierre "ayuda" hacia el centro de la cancha, si por el contrario A lanza a B1 el doblaje lo ejecutan los jugadores de la posición A3 y A2, y la respectiva ayuda hacia el centro de la cancha lo realiza A1.

4.

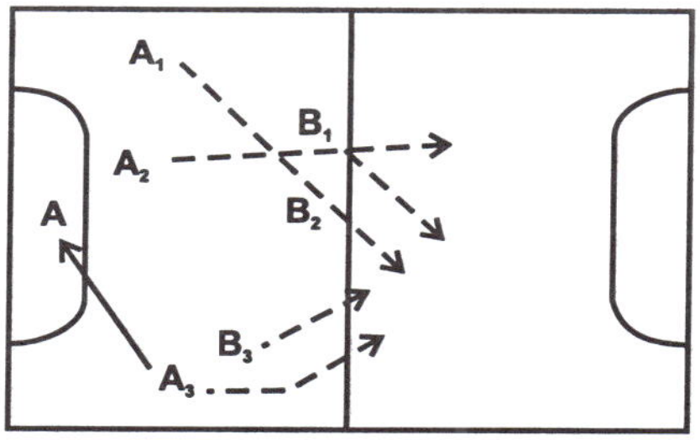

Cualquiera de los jugadores A1, A2 o A3 conducen el útil de juego, a la señal del entrenador el jugador que lleva el balón lo entrega al portero A y los tres (A1, A2 y A3) realizan movimientos de ataque (diagonales, pasadas por espalda, etc) el equipo B marca individual.

5.

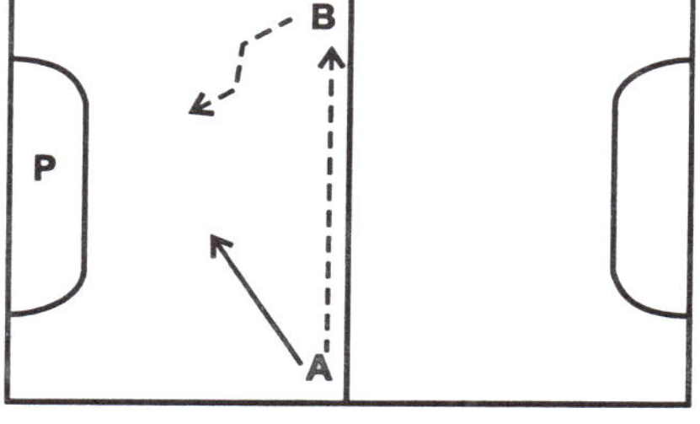

El jugador A pasa a B, simulando una entrega equivocada en fase de ataque, lo que lleva a que realice un pliegue rápido de tipo intensivo y aposicional, con el fin de defender el ataque B. El ejercicio se realiza alternando las funciones de los deportistas.

6.

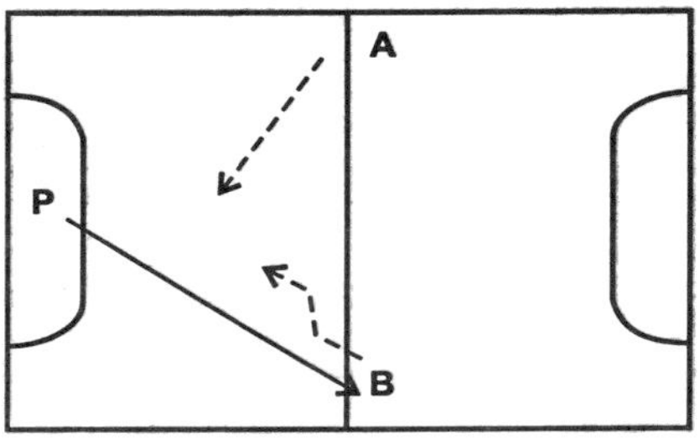

El portero lanza el balón a la posición de A o de B, según lo desee, lo que simulará un lanzamiento erróneo y el consiguiente contraataque del equipo contrario. El jugador del sector contrario de donde se encuentra el balón, realiza rápidamente un repliegue intensivo y aposicional, con el fin de encarar mano a mano al atacante.

7.

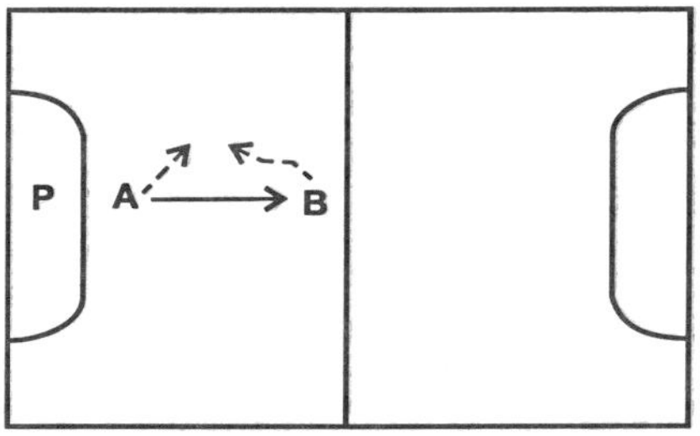

El jugador de la posición A (poste) simula un pase de profundización, el cual es interceptado por B, quien inicia inmediatamente el respectivo contraataque; A por su parte al entregar equivocadamente el balón repliega, esperando de B de forma no intensiva y posicional.

8.

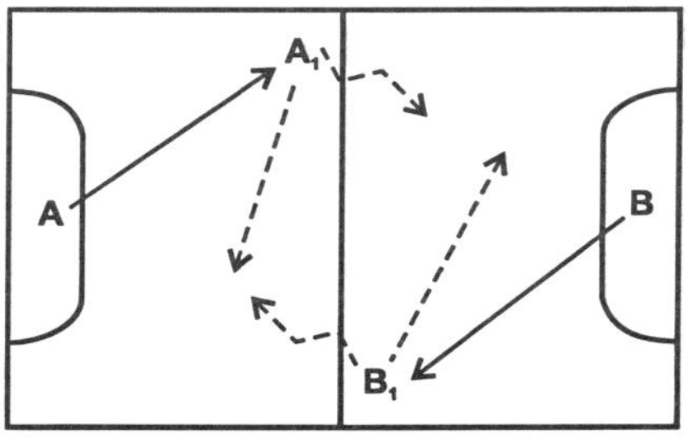

El balón puede ser lanzado por el portero A o por el portero B, si lo hace el primero, su compañero A1, ubicado sobre el lateral, encara el ataque hacia B, B1 por su parte se repliega rápidamente, impidiendo o mejor oponiendo la progresión de dicho atacante.

9.

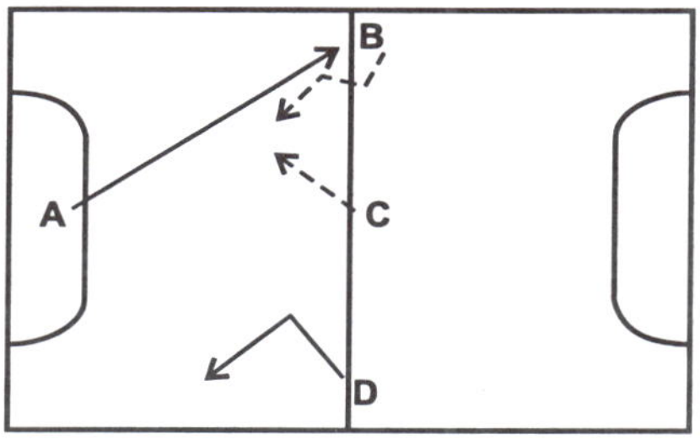

El portero (A) lanza a B o a D según lo desee, lo que simulará un lanzamiento equivocado, donde B en compañía de C atacan y D quien en un repliegue intensivo, aposicional trata de retardar con su portero la avanzada de B y C. Si el balón es lanzado por el portero a la posición D, el jugador que se repliega será B y C continuará como atacante.

10.

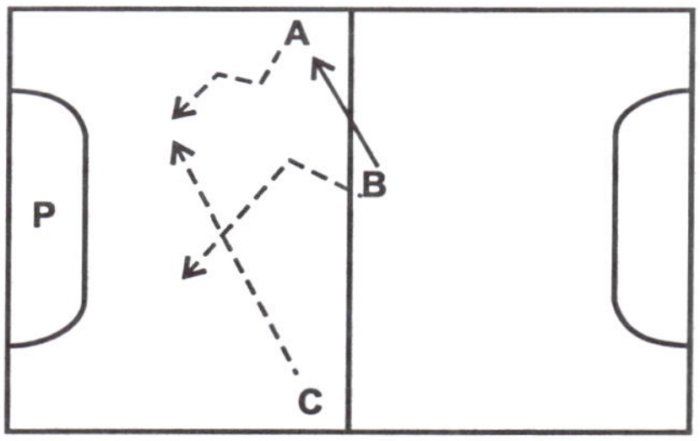

El jugador B, poseedor del balón, decide si entrega el mismo a C o al jugador A, para que sea su compañero de ataque; el jugador no elegido por B, deberá en un repliegue intensivo y aposicional, defender con el portero la idea de anotar de los atacantes.

11.

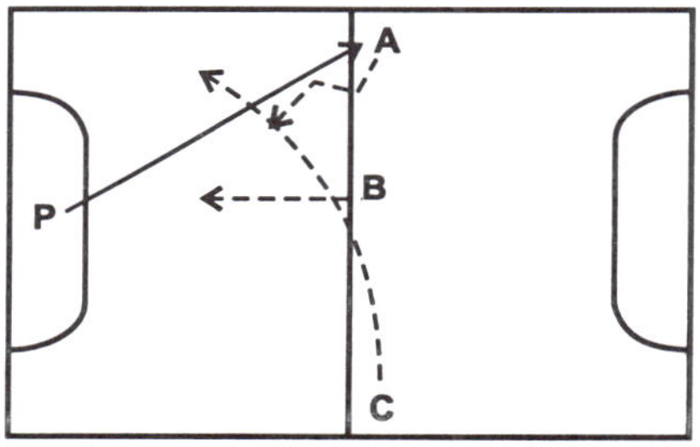

Editorial Kinesis

El portero decide su lanzamiento bien sea a C o al jugador A (ubicado en los laterales del campo) los cuales serán los atacantes, el jugador B (centro) siempre será defensor; el cual en un repliegue intensivo y posicional asume dicha función.

12.

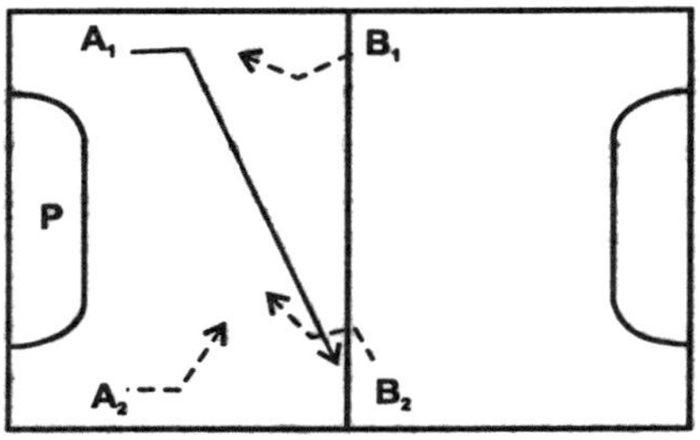

El balón lo puede poseer el jugador de la posición A1 o A2; según lo muestra el gráfico, A2 avanza con el útil, a la señal realiza un pase en diagonal al jugador B1, quien en compañía de B2 inicia un ataque frente a los jugadores A1, A2 y el portero; los dos primeros (A1 y A2) en repliegues no intensivos y posicionales asumen sus funciones defensivas.

13.

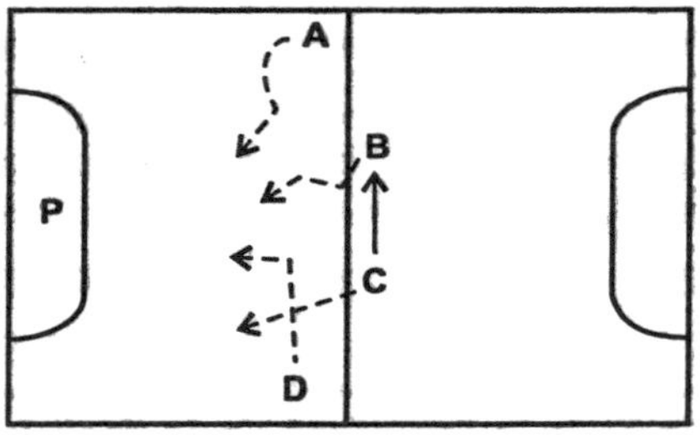

Cualquier jugador puede tener la posición del balón. Según el gráfico el jugador C (que tiene el balón) toca a B para que en su compañía ataquen a D y al jugador A quienes en forma intensiva y aposicional repliegan para defender. La acción termina cuando los defensas recuperen el balón o los atacantes definan. Los jugadores no elegidos por quien toca inicialmente el balón siempre trabajan la fase defensiva.

14.

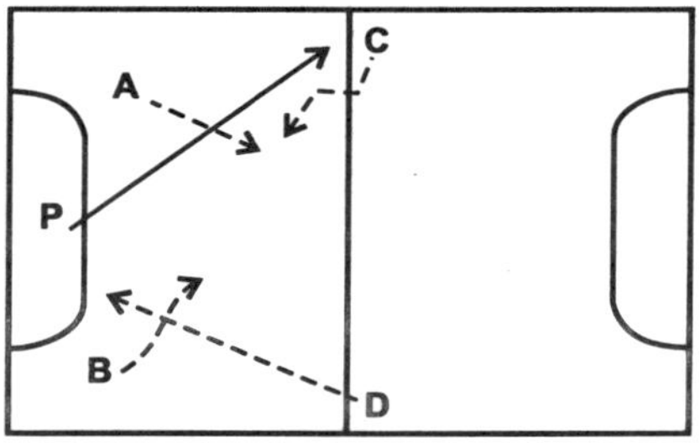

El portero decide si lanza a C o a D, simulando un pase equivocado, si lanza a C, el compañero de este será B quien está en diagonal, si por el contrario lanza a D, el compañero de éste será A, quien se encuentra en su diagonal. El gráfico muestra el lanzamiento del portero al jugador C, el cual será compañero de ataque de B; por su parte A, replegado posicional y de forma no intensiva, defiende con D quien igualmente replegado pero intensiva y aposicionalmente opone la progresión de C y A.

15.

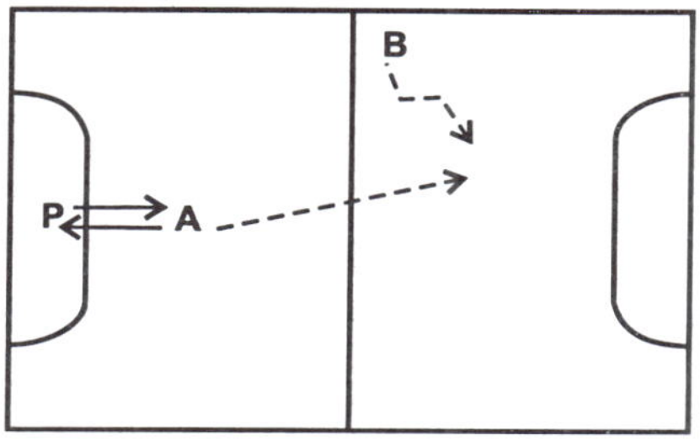

Al lanzamiento de P1, A remata suavemente, simulando una definición en ataque; en posición de otro balón espera a que A ejecute dicha acción y pase rápidamente la línea del balón, para así iniciar un entrenamiento uno contra uno. El repliegue de A debe ser intensivo y posicional.

JUGADAS EN LANZAMIENTOS DE ESQUINA CON APROVECHAMIENTO DEL ÁREA

Con la modificación reglamentaria de autorizar la anotación de goles en el área del portero adversario, muchos de los mismos marcados en el fútbol de salón se deben a jugadas de táctica fijas. Aquí presentamos diversas posibilidades para aprovechar los lanzamientos de esquina:

1.

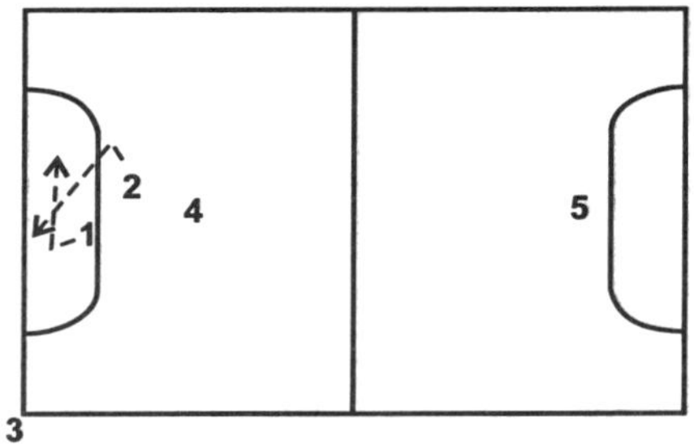

El jugador (1) Finta hacia delante y se va al segundo palo. El jugador (2) finta hacia atrás y va a bloquear el primer palo. El cobrador tendrá opciones de lanzar a alguno de los 2 jugadores o enviarlo atrás del No.(4).

2.

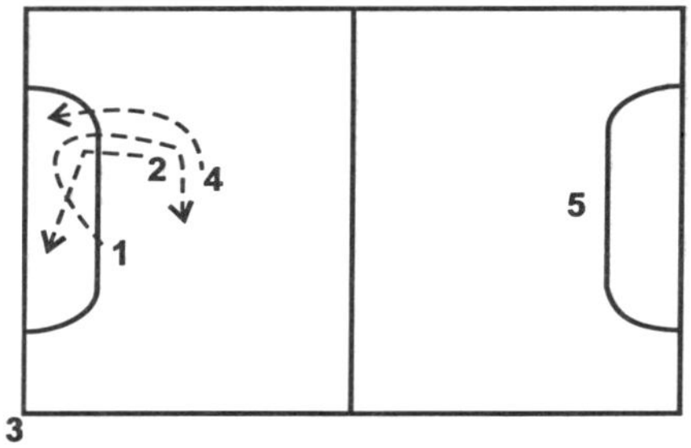

El jugador (1) entra al área y sale por la izquierda para hacer balance defensivo. El jugador (2) finta hacia atrás y va a bloquear al primer palo y el jugador (4) entra por detrás al segundo palo.

3.

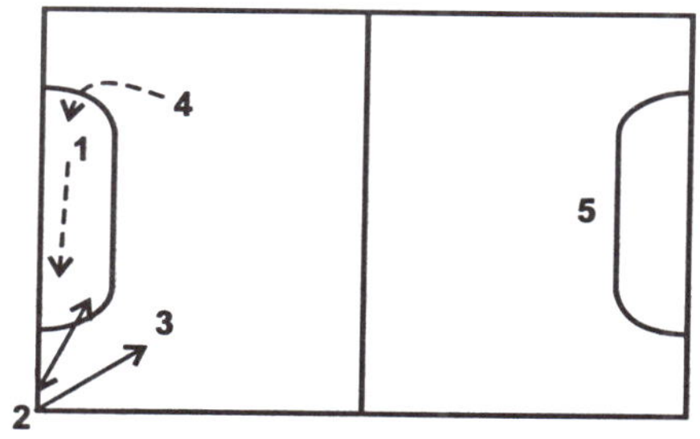

El jugador (1) se acerca al corner para devolver el balón al jugador No.(2), Quién el balón atrás para el No. (3), Quién remata al arco ó pasa al No.(4) al segundo palo.

4.

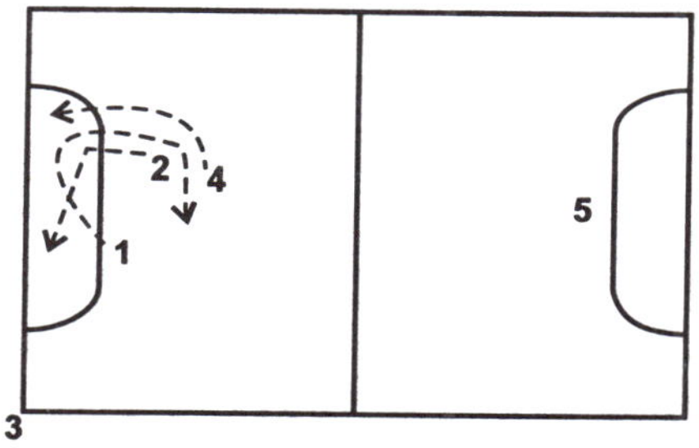

Los jugadores (1) y (2) que están al borde del área, hacen sendos bloqueos a sus marcas; (4) en función de poste recibe para rematar.

5.

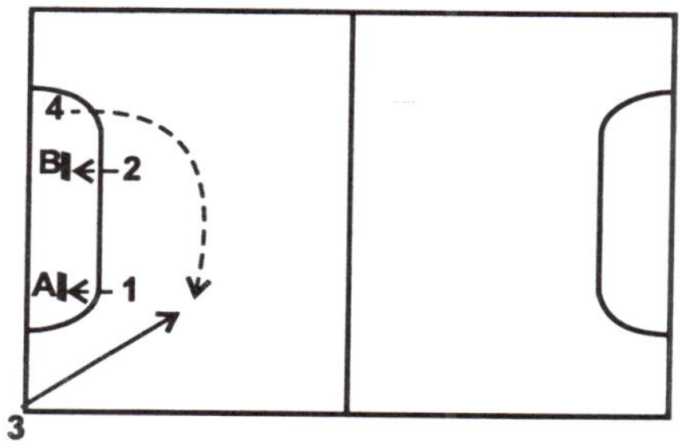

Los jugadores situados al borde del área realizan sendos bloqueos a sus marcas. El jugador (4) que estaba pegado al segundo palo sale al borde del área a rematar.

6.

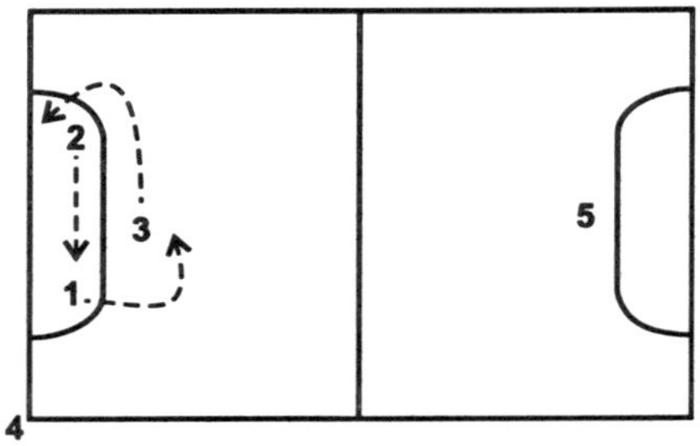

Jugadores se ubican en posición de triángulo, para ejecutar movimientos distractores: (1) va al cierre; (2) va al primer palo y (3) va al segundo palo.

7.

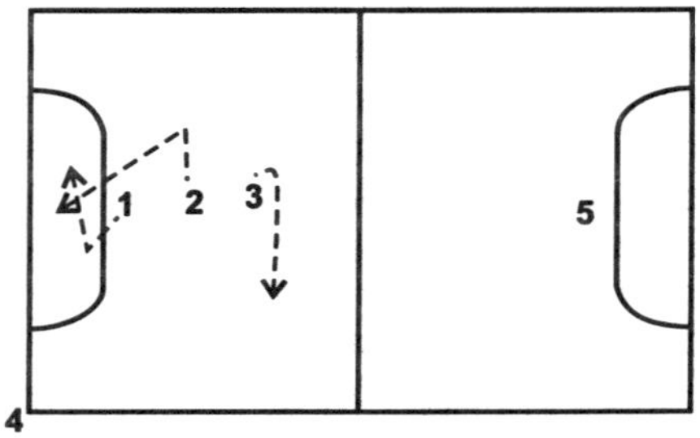

Jugadores se ubican en posición de escalera: (1) va hacia el segundo palo, previo cambio de ritmo y dirección; (2) va al primer palo y (3) sale al costado del campo.

NOTA FINAL

El fútbol se salón como ya es sabido, es un deporte caracterizado por la batalla espacio Vs. tiempo, la cual cobra una relevancia vital. Esto es, la clave de muchas de las acciones que se desarrollan en éste deporte es ocupar aquel espacio que nos interese en el menor tiempo posible, para disputar un balón un desmarque, un repliegue o un corte a balón, por colocar algunos ejemplos.

Es por ello que el trabajo de velocidad, de movimientos de explosividad, adecuados al medio en que el jugador se va a mover – espacios cortos, con paradas súbitas, con disputa del balón, etc -, se convierte en parte fundamental del entrenamiento moderno del fútsal, para el buen desarrollo del juego por parte de nuestro equipo. Por eso, deberemos entrenar a nuestros jugadores para que desarrollen la máxima velocidad en periodos que respeten la situación de juego, razón por la cual el trabajo de resistencia a la velocidad en el fútbol de salón se constituye en un pilar fundamental en el acondicionamiento no solo físico del jugador sino también en el trabajo técnico – táctico estratégico del grupo.

CAPÍTULO 4

REGLAS DE CONDUCTA TÉCNICA EN EL JUEGO

Cada entrenador debe tener sus propias normas de conducta y también su sistema para entrenar y dirigir los encuentros. A lo largo de mi trabajo como entrenador, he ido aprendiendo casi a diario que en nuestra labor se deben tener unas pautas de análisis y comportamiento para alcanzar mejores logros en esta profesión.

Desde años atrás, inicié un detallado análisis de los factores que más incidían en la definición de un partido, sin incluir lógicamente los tipos de sistemas manejados por cada equipo.

De acuerdo a las experiencias adquiridas, el presente estudio concluye en que el fútbol de salón se debe regir por seis reglas de comportamiento que hay que cumplir en cada encuentro para garantizar un rendimiento satisfactorio y estar en condiciones de disputar el partido con igualdad de posibilidades de ganar a cualquier rival por difícil que sea y que funcionan con normas generales en cada encuentro.

Esas seis reglas son las siguientes:

1. No perder balones, o sea, asegurar el balón
2. Coger todos los rechazos o rebotes del balón
3. No cometer cinco faltas consecutivas en cada tiempo
4. Hacer buenos tiros nada más
5. Pasar al poste o pívot
6. Tener personalidad de juego definida.

Evidentemente cada técnico tendrá sus propias reglas de juego, pero para mí en estas se engloba todo lo fundamental para ganar los partidos.

Las razones del por qué de cada una de estas normas de juego se explican en las páginas siguientes.

NO PERDER BALONES

Hubo un entrenador americano, Peter Carrillo, que dijo: "Dadme un reloj y ganaré cualquier encuentro". Es claro que aquel entrenador quería decir sencillamente una cosa: si aseguras la posesión del balón difícilmente vas a perder.

En esto fundamento yo mi primera norma de juego. He comprobado a lo largo del tiempo, que en aquellos partidos en los que por las causas que sean hemos tenido un bajo nivel de pérdidas de balón casi siempre hemos ganado, aunque el rival fuera muy difícil. Y exactamente también he comprobado lo contrario: cuando las estadísticas de un encuentro han reflejado numerosas pérdidas de balón, aunque el rival haya sido un equipo a nuestro alcance o hemos perdido o hemos ganado de una manera apurada o nada convincente.

El no desperdiciar ataque significa, cuando menos, que el contrario lo pasará muy mal para ganarte porque le obligas a acertar en todas sus posesiones. Está claro que siempre se van a fallar remates y por ahí puedes perder el encuentro, pero eso pertenece a otra de las reglas de juego. Pero si al final de un partido aseguras una opción de gol por posesión casi seguro que habremos ganado el encuentro.

Es preferible fallar un remate que perder una posesión. Por eso yo insisto siempre a mis jugadores que no cometan faltas en ataque y que aseguren al máximo el pase y eviten el regalarle el balón al contrario.

COGER TODOS LOS RECHAZOS O REBOTES DEL BALÓN

Cerrar la entrada del ataque al arco nuestro es el fundamento principal para cumplir esta segunda regla.

El rechazo o rebote del balón es una acción fundamental para ganar un encuentro y que se presenta infinidad de veces en un partido.

El tener un acierto del 100 por 100 en el remate es algo utópico por lo que muchos balones rematados al arco van a volver al terreno sin control. Si tenemos jugadores lo suficientemente hábiles como para hacerse a ellos estamos haciendo dos cosas al mismo tiempo: tener una posesión más de balón y, por lo tanto, la posibilidad de rematar de nuevo al arco contrario si fue un rebote ofensivo o evitar que sea el adversario el que esté en condiciones de tirar a nuestro arco si fue un rebote defensivo.

Tan importante es el rechazo ofensivo como el defensivo porque a la postre conducen a lo mismo: tener más posesiones de balón.

El superar al rival en rechazos defensivos obliga a sus jugadores a intentar los remates con más precisión a elegir más el remate lo que no resulta nada fácil en cuanto a dominar en rechazo ofensivo es una garantía para nuestros rematadores que tendrán más confianza al rematar, sabedores de que habrá un compañero que está presto a enmendar su error. Esto influye en la serenidad del juego de los dos equipos y suele decantar la victoria de un lado a otro.

NO COMETER CINCO FALTAS ACUMULATIVAS EN CADA TIEMPO

Considero que, tal como está el fútbol de salón, no hacer faltas técnicas y/o personales es muy importante porque con el "bonus" de las cinco faltas, los equipos tienen la opción de los tiros libres sin barrera en los que se hacen porcentajes mejores a los remates en jugada.

En cobros en el campo adversario se utiliza casi siempre el remate, teniendo en cuenta que en equipos importantes como puede ser una selección regional o nacional, los jugadores deben acertar un porcentaje de tiros libres sin barrera superior al 70%, aunque haya muchos que no lo hagan.

Si cometemos las cinco faltas acumulativas pronto el rival nos va a cobrar muchos tiros libres sin barrera y posiblemente nos hará varios goles. Por eso hay qué procurar no hacer las faltas de inmediato, enseñando al jugador que el foul solo se debe cometer en jugadas de auténtico riesgo para nuestro arco y no en situaciones favorables como por ejemplo en jugadas ofensivas de nuestro equipo. Pero esta regla tiene una segunda parte igual de importante. Los partidos se ganan al final de los cuarenta minutos, no antes de encuentros con los mejores jugadores en condiciones de rendir.

Ocurre que si los llamados "titulares", término que yo no empleo nunca o el equipo inicial se cargan de faltas, nos vamos encontrar en una difícil situación al final de los partidos, porque o están eliminados o con muchas faltas con el riesgo de abandonar el campo, lo que les hace bajar el rendimiento por la presión psicológica de no cometer más faltas para no salir del partido.

El evitar las faltas, a la vez que se defiende fuerte, es sinónimo de un final favorable para el equipo.

HACER BUENOS TIROS NADA MÁS

Los rematadores de gran capacidad tienen la obligación de rematar, para eso se les tiene en el equipo. Pero esos remates tienen qué ser solamente buenos, no en cualquier posición y sin seguridad.

Yo no quiero que fuercen los remates en juego y para ello se preparan los sistemas de juego, para que los jugadores reciban en muy buenas condiciones y puedan rematar. El entrenador no puede hacer los goles pero tiene la obligación de facilitarle al jugador la situación más cómoda para que haga el gol.

Un jugador no puede forzar un remate en condiciones adversas, con un rival encima que le obligue a variar la curva de tiro. No quiero que se fuerce porque el riesgo de fallar es superior. Normalmente los porcentajes de acierto en remate es inferior al cincuenta por ciento (50%), lo que indica que de cada dos ataque se falla uno. Todos los jugadores que estén en condiciones de rematar al arco tienen la obligación de hacerlo; no se puede desaprovechar oportunidad de conseguir goles. La mentalidad del jugador tiene que ser ésta y no otra porque existen deportistas a los que les pesa la responsabilidad y a la hora de mirar al arco prefieren pasar el balón a su compañero cuando ellos tenían mejor posición.

Normalmente en todos los equipos existen jugadores especialistas en rematar y el juego puede girar sobre ellos, pero todos deben tener claro que el hacer goles es cosa de todos y en cualquier momento deben ser capaces de irse hacia el otro arco. Pero eso si nunca rematando sin posición, sin compañeros que estén para el rebote y teniendo a un compañero en mejor posición. Hay que rematar siempre que se pueda pero en buenas condiciones solamente.

PASAR AL POSTE O PÍVOT

El pasar o jugar con el poste o pívot tiene dos objetivos principales: uno, buscar el foul cerca al arco contrario; y dos, buscar una acción clara de gol bien sea por devolución a un compañero o por giro o remate del propio pívot.

Para un hombre que juega cerca del arco contrario el crear jugadas que terminen en acción clara de gol es mucho más fácil que para los que actúan lejos del arco contrario.

Tener hombres hábiles en el puesto de pívot es cada vez más importante porque en el fútbol de salón moderno el hecho de ser físicamente corpulento ya no es suficiente, hay qué ser inteligente.

La segunda ventaja que se tiene al lanzar el balón al pívot es precisamente forzar las faltas del líbero contrario ya que si este jugador no es bien dotado técnicamente y al mismo tiempo habilidoso, deberá recurrir permanentemente al foul para contrarrestar la acción de nuestro poste o pívot, con la consecuencia de debilitar su potencial ante la acumulación de faltas.

Y lo mismo que nosotros buscaremos meter el balón al pívot, hay qué evitar que al pívot contrario le lleguen balones claros para que seamos nosotros los que recibamos esta regla en contra. Para ello hay que procurar defender con anticipación y utilizar marcación en ángulo cerrado para no dejar espacio para el pase al interior. Si conseguimos dar balones al pívot vamos a llegar a un final de partido con los líberos contrarios con faltas acumuladas, defendiendo poco para no cometer otra, o directamente eliminados por acumulación de faltas.

TENER PERSONALIDAD DE JUEGO DEFINIDA

Sin lugar a dudas todos los factores analizados anteriormente, así como los sistemas y tácticas entrenadas por el equipo, solo nos reportarán buenos resultados si los jugadores tienen una mentalidad de juego definida, o sea, que antes de iniciarse un partido sepan a qué se va a jugar, como se van a enfrentar las diferentes situaciones de juego, factores que ayudan al equipo a improvisar lo menos posible.

El entrenador debe trabajar durante la preparación en darle a sus jugadores una personalidad de juego, ya que es común observar equipos que al recibir un gol en contra disminuyen su rendimiento, o si es el caso contrario convierten el encuentro en una diversión personal con las consecuencias negativas encontradas en ambos casos.

El manejo de marcadores favorables o adversos, presión del público, climas contrarios a las condiciones normales de nuestro sitio de residencia, y otras condiciones afines, son factores que deben ser bien manejados y que son tan importantes como los sistemas de juego que se deben entrenar antes de un torneo.

BIBLIOGRAFÍA

ARROYAVE RENDON, JAIME. EL FÚTBOL DE SALÓN – MICROFÚTBOL. Impresión Colombia Nueva Ltda. Bogotá – 1984.

AZEVEDO, ANTONIO JOSE. MOVIMIENTOS OFENSIVOS DE FUTEBOL DE SALÂO. Mary promoçöes e Empreendimentos Ltda. – 1980.

CAMPOS GRANELL. Teoría y planificación del entrenamiento deportivo. Editorial Paidotribo.Barcelona, 2001.

CORSINI, JOSE. ABC DO FUTSAL. Edición Mary. Sâo Paulo – 1987.

DAIUTO, MOACYR. BASQUETEBOL – METODOLOGIA DO ENSINO – Hemus Editora. Sâo Paulo – 1984.

DE ALBURQUERQUE, RUBENS CALMON "RUBIÑO". CONFERENCIAS DE FUTBOL DE SALON. Colombia – 1986.

FERNANDEZ, SEGUI J.A. PREPARACION FISICA DEL FUTBOLISTA EUROPEO. Esteban Sanz Martínez Editor. Madrid – 1977.

GARCÍA MANSO, Juan Maule. Planificación del entrenamiento deportivo. Editorial Gymnos. Madrid, 1996.

GAYOSO CALATAYT, F. "FUTBOL SALA". Editorial Hijos de Minuesa. S.L. Madrid.

GOMES TUBINO, MANUEL JOSE. METODOLOGIA CIENTIFICA DO TREINAMENTO DESPORTIVO. Editado por Ibrasa. 2ª edición. Sâo Paulo – 1980.

GURKOV, DIMITAR. TEORIA Y METODOLOGIA DEL ENTRENAMIENTO DEPORTIVO. Instituto Colombiano de la Juventud y el Deporte – Escuela Nacional del Deporte. Cali – 1983.

LOPEZ J. EJARQUE CUADRA. MANUAL DEL ENTRENADOR. Editorial Lispano – Europea. 3ª Edición. Barcelona – 1973.

LUQUE HOYOS, FRANCISCO, LUQUE TABERNERO FRANCISCO J. FUTBOL SALA, APUNTES DE TACTICA. Editorial Gymnos. Madrid.

MUÑIZ ROLANDO WASHINGTON. CONFERENCIAS DE FUTBOL DE SALON. Colombia – 1980 – 1986 – 1988.

MUTTI, DANIEL. FUTEBOL DE SALÂO: ARTE E SEGREDOS. Hemus Editora Limitada. – Sâo Paulo.

SAMPEDRO, JAVIER. "INICIACION AL FUTBOL SALA". Editorial Gymnos. Madrid 1996.

SANCHEZ AGUIRRE, MANUEL ENRIQUE. CONFERENCIAS DE FUTBOL DE SALON. Colombia 1995

Datos del Autor

Nacido en Manizales, Médico Veterinario y Zootecnista de la Universidad de Caldas y vinculado al fútbol de salón desde hace más de 20 años.

En 1975 empezó a promocionar este deporte en la ciudad de Manizales y fundó el primer colegio de árbitros de fútbol de salón que existió en el Departamento de Caldas.

En 1978 inició su carrera como entrenador, realizando varios cursos de capacitación a nivel nacional e internacional. Igualmente ha realizado cursos de especialización en fisiología del ejercicio, teoría del entrenamiento biomecánica, nutrición deportiva, traumatología deportiva y liderazgo y trabajo en equipo.

En calidad de técnico cuenta con innumerables títulos obtenidos a nivel local, regional, nacional e internacional.

Técnico en tres ocasiones de equipos profesionales en la Liga Especial de Fútbol de Salón de Venezuela y finalista en varias ocasiones de los Campeonatos Nacionales Universitarios de Colombia.

Ha sido asistente técnico en repetidas ocasiones de la seleción Colombia, en los que ha obtenido el título de campeón y subcampeón.

Técnico de Caldas de 1978 a 1981; en 1982 dirigió los seleccionados de Risaralda y regresó en 1985 para orientar nuevamente los seleccionados caldenses, prestando actualmente sus servicios como instructor en la Secretaría de Deportes de Caldas.

Ha sido condecorado por el Círculo de Cronistas Deportivos de Caldas como el mejor técnico del departamento en los años 1981 y 1990.

1976 - Observador del VII Campeonato Suramericano, celebrado en Bogotá.

1986 - Asistente técnico de la Selección Colombia en el Suramericano de Mayores en Argentina .

Desde 1988, miembro de la Comisión Técnica Nacional de la Federación Colombiana de Fútbol de Salón. A partir de esta fecha ha visitado diferentes ciudades del país dictando capacitación al sector técnico en calidad de Instructor Nacional.

1990 - Campeón Nacional con Caldas en las categorías infantil y mayores; campeón panamericano de mayores como asistente técnico de la selección Colombia.

1991- Asistente técnico de la selección Colombia mayores en el campeonato mundial de Milán-Italia.

2000 - Campeón Nacional con Caldas en las categorías infantil y mayores; asistente técnico de la selección Colombia mayores - Campeona mundial en Bolivia.

2001 - Obtiene el título del torneo nacional celebrado en Buga - Valle, en homenaje a la selección Colombia, campeona mundial; Subcampeón nacional con la selección de mayores de Caldas.

2002 -. Subcampeón de la Liga profesional de futsal de Venezuela.

2003 - Subcampeón mundial con la selección Colombia de mayores en Asunción.Paraguay.

2003-2004 - Subcampeón nacional en calidad de técnico.

2005 - Campeón nacional con la selección Caldas, en calidad de técnico.

Editorial Kinesis

www.kinesis.com.co
editorial@kinesis.com.co

Carrera 25 No. 18-12
Telefax: 6 7409155 - 6 7401584
ARMENIA - COLOMBIA

COLOMBIA
ARGENTINA
COSTA RICA
CHILE
ECUADOR
EL SALVADOR
ESPAÑA
ESTADOS UNIDOS
GUATEMALA
MÉXICO
PANAMÁ
PERÚ
PUERTO RICO
VENEZUELA